KB175836

임동석중국사상100

오 자

吳子

吳起 撰 / 林東錫 譯註

오기

象犀珠玉瑰怪之物，有悅於人之耳目，而不適於用。金石草木絲麻五穀六材，有適於用，而用之則弊，取之則竭。有悅於人之耳目而適於用，用之而不弊，取之而不竭，賢不肖之所得，各因其才，仁智之所見，各隨其分，而無所不獲者，惟書乎。

丁亥菊秋錄東坡李氏山房藏書記 丘堂 呂元九

"상아, 물소 뿔, 진주, 옥. 진괴한 이런 물건들은 사람의 이목은 즐겁게 하지만 쓰임에는 적절하지 않다. 그런가 하면 금석이나 초목, 실, 삼베, 오곡, 육재는 쓰임에는 적절하나 이를 사용하면 닳아지고 취하면 고갈된다. 그렇다면 사람의 이목을 즐겁게 하면서 이를 사용하기에도 적절하며, 써도 닳지 아니하고 취하여도 고갈되지 않고, 똑똑한 자나 불초한 자라도 그를 통해 얻는 바가 각기 그 자신의 재능에 따라주고, 어진 사람이나 지혜로운 사람이나 그를 통해 보는 바가 각기 그 자신의 분수에 따라주되 무엇이든지 구하여 얻지 못할 것이 없는 것은 오직 책뿐이로다!"

《소동파전집》(34) 〈이씨산방장서기〉에서 구당(丘堂) 여원구(呂元九) 선생의 글씨

책머리에

오기가 장군이 되어 언제나 병사들과 먹고 입는 것을 똑같이 하였으며, 누울 때도 자리를 까는 법이 없었으며 행군할 때도 수레에 타지 않았다. 또한 자기가 먹을 양식은 직접 가지고 다니는 등 병사들과 고락을 같이 하였다. 그런데 병사 중에 종기로 고생하는 사람이 생기자, 그는 그 고름을 입으로 빨아냈다. 그러자 그 병사의 어머니는 그 소식을 듣고 소리내어 우는 것이었다. 어떤 이가 우는 이유를 묻자 어머니는 "지난해에도 오기 장군께서 그 애 아비의 종기를 빨아 주었습니다. 그러자 감격한 나머지 끝까지 싸우다가 죽고 말았습니다. 지금 또 자식의 종기를 빨아 주었으니 그 자식도 필경은 어디선가 싸우다가 죽을 것입니다. 그래서 우는 겁니다"라 하였다.

오기가 남긴 이 일화는 수천 년을 두고 책마다 싣고 있다.

《손자》와 더불어 우리에게도 널리 알려진 《오자》는 병법서로서 지금도 그 지혜나 혼탁한 세상의 대응 방법을 배울 수 있다.

한 때 우리나라에는 이 처세술을 다룬 책이 범람한 적이 있다. 그러나 결국 그 결론은 덕과 인의이다. 그럼에도 이러한 책이 사람의 이목을 끄는 것은, 오기가 말한 문무겸비文武兼備만이 정의를 실행할 수 있는 힘을 주기 때문이리라. 아무리 인과 덕을 부르짖어도 힘이 없으면 그 정의를 실천할 수도 없을뿐더러 도리어 공허한 외침으로 끝나고 마는 경우를 우리는 너무 쉽게 접할 수 있다. 용병이라는 것이 국가 대 국가의 전쟁에만 적용되는 것이 아님을 절감할 때가 한두 번이 아니다.

이 책은 원문이 7천여 자에도 미치지 못하는 적은 양이지만 역대 이래 그토록 널리 읽히고 거론된 이유는 분명 그 속에 숨은 내용이 무언가 있기 때문이다.

「무경칠서武經七書」 중의 두 번째 병서인 이 《오자》는 군사학의 병법서로서가 아니라 인간 삶의 처세서로, 사람을 다루는 용인술로도, 그리고 천하 경략의 통치술로도 얼마든지 활용할 수 있는 지혜가 담겨 있다. 그러나 실제 내용은 역시 구체적이라기보다 포괄적이며 추상적인 주제를 담고 있는 부분이 상당량 차지하고 있다.

　이에 초보적인 원문 해석을 위주로 역주하였으며, 그 깊은 함의와 높은 경지의 철학은 읽는 독자들이 적의 활용하기를 기대한다.

　　　　　　　　　　임동석林東錫 부곽재負郭齋에서 적음.

일러두기

1. 이 책은 〈신편제자집성본新編諸子集成本〉(孫星衍 校) 및 〈사고전서본四庫全書本〉, 〈중국전통·병법대전中國傳統兵法大全〉 등의 《오자吳子》를 상호 참조, 대교對校하여 전체를 완역한 것이다.

2. 원문에 현대식 표점을 가하고 원문에 따라 축조축구식으로 번역하였으며, 직역을 위주로 하였으나 일부 알기 쉽게 풀어쓴 것도 있다.

3. 전체 6편을 현대 백화어 번역본의 분장을 참고하되 일부는 역자의 편의에 따라 39장으로 나누어 일련 번호와 편장 번호를 부여하였다.

4. 각 장의 제목은 역자가 전체 주제에 맞추어 임의로 제시한 것이다.

5. 현대 백화어 번역본으로 대만臺灣 삼민서국본三民書局本과 상무인서국본商務印書局本도 일일이 대조하였으며 번역에 많은 도움이 되었음을 밝힌다.

6. 부록으로 역대 오기吳起 관련 기사와 현대 오기에 대한 변증 등 65항을 실어 연구에 도움이 되도록 하였다.

7. 본서의 역주에 참고한 문헌 중 중요한 것은 다음과 같다.

● 참고문헌

① 《吳子》 中國傳統兵法大全, 啓南(主編), 三環出版社, 1992. 湖南 長沙.

② 《吳子》 四庫全書 子部 兵家類, 文淵閣本, 印本, 臺灣商務印書館, 臺北.

③ 《吳子今註今譯》 傅紹傑(註譯), 臺灣商務印書館, 1981. 臺北.

④ 《新譯吳子讀本》 王雲路(注譯), 三民書局, 1996. 臺北.

⑤ 《吳子》 百子全書, 岳麓書社, 1993. 湖南 長沙.

⑥ 《吳子》 淸, 孫星衍(校) 新編諸子集成, 世界書局, 1978. 臺北.

⑦ 《吳子》 漢文大系

⑧ 《武經總要》 宋, 曾公亮・丁度(敕撰), 四庫全書 子部 兵家類.

⑨ 《三才圖會》 明, 王圻・王思義(編集), 上海古籍出版社 印本, 2005. 上海.

⑩ 司馬遷 《史記》, 劉向 《戰國策》, 《荀子》, 《韓非子》, 《尉繚子》, 《呂氏春秋》, 《淮南子》, 《說苑》, 《新序》, 《韓詩外傳》, 賈誼 《新書》, 《太平御覽》, 《資治通鑑》, 《十八史略》 등 기타 공구서는 생략함.

해 제

《오자吳子》는 중국 고대의 유명한 병법서로 《손자孫子》(孫武) 《사마법司馬法》(司馬穰苴), 《울료자尉繚子》(尉繚), 《육도六韜》(姜太公), 《삼략三略》(黃石公), 《이위공문대李衛公問對》(唐, 李靖)와 더불어 소위 '무경칠서武經七書'의 하나이며, 흔히 《손자》와 더불어 '손오병법孫吳兵法'으로 널리 알려져 있다.

전국 초기 칠웅七雄이 각각 부국강병을 부르짖을 때 오기吳起가 위魏나라 문후(文侯, B.C.445~396년 재위)와 무후(武侯, B.C.394~370년 재위) 등 두 군주와 병법, 용병에 관하여 나눈 대화와 진秦나라 50만 대군을 물리친 짧은 이야기로 되어 있다.

대체로 6천970여 자의 적은 양이며 '도국圖國·요적料敵·치병治兵·논장論將·응변應變·여사勵士' 등 총6편으로 내용은 비교적 구체적이다.

오기는 위衛나라 좌씨左氏 땅 사람으로, 주周 고왕考王 원년(B.C.440년)에 태어나 증자曾子와 자사子思에게 학문을 배웠으며, 스스로 병법을 연구하여 대성을 이루었다고 전해진다. 처음 노魯나라의 장군이 되어 제齊나라 군사를 대패시켜 공을 세웠으나, 대신들의 미움을 사서 즉시 위魏나라로 망명하여 이리李悝를 도와 개혁정책을 실시하였으며, 군대 제도를 정비하여 위 문후에게 중용되었다. 그리하여 오기는 중명경리重名輕利의 잔인한 성격이었으며, 개혁에 과감하였고 용병에 뛰어나, 전국시대 유명한 개혁 정치가인 동시에 군사가로 널리 이름을 날렸다. 그리하여 선진先秦 여러 제자서諸子書는 물론 사서史書 등에 그 전傳이 실려 있으며, 그 외에 한漢나라 때의 여러 전적典籍에도 그의 일화와 어록이 등재되어 널리 전해 오고 있다.

한편 《오자》라는 책은 대체로 전국 중기에 완성된 것으로 보이며, 당시 국제 간 전쟁과 실제 전투 등 시대적 수용에 맞추어 널리 활용되고 중시된 것으로 볼 수 있다. 그에 관한 일화와 내용은 《사기史記》 손자오기열전孫子吳起列傳에 자세히 실려 있다.

차 례

* 책머리에
* 일러두기
* 해제

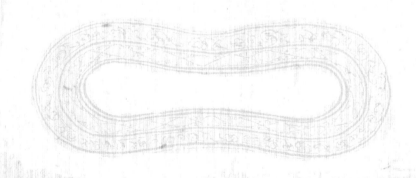

🦋 부록

역대 吳起 관련 기록들

四部叢刊子部

吳子二卷

上海涵芬樓借古里
瞿氏鐵琴銅劍樓藏
影宋鈔本印行元書
板心高營造尺六寸
六分寬四寸八分

吳子卷上

圖國第一

吳起儒服以兵機見魏文侯文侯曰寡人不好軍旅之事起曰臣以見占隱以往察來主君何言與心違今君四時使斬離皮革掩以朱漆畫以丹青爍以犀象冬日衣之則不溫夏日衣之則不凉爲長戟二大四尺短戟一丈二尺革車奄戶縵輪籠轂觀之於目則不麗乘之以田則不輕不識主君安用此也若以備進戰退守而不求能用者譬猶伏雞之搏狸乳犬之犯虎雖有鬭心隨之死矣昔承桑氏之君修德廢武以滅其國有扈氏之居恃衆好勇以喪其社稷明主鑒茲必内修文德外治武備故當敵而不進無逮於義矣僵屍而哀之無逮於仁矣於是文侯身自布席夫人捧觴醮吳起於廟立爲大將守西河與諸侯大戰七十六全勝六十四餘則鈞解闢土四面拓地千里皆起之功也

吳子曰昔之圖國家者必先教百姓而親萬民有四不和不和於國不可以出軍不和於軍不可以出陳不和於陳不可以進戰不和於戰不可以決勝是以有道之主將用其民先和而造大事不敢信其私謀

吳子

周　吳起　撰

吳起初見文侯章句

吳起儒服以兵機見魏文侯文侯曰寡人不好軍旅之
事起曰臣以見占隱以往察來主君何言與心違今君
四時使斬離皮革掩以朱漆畫以丹青爍以犀象冬日
衣之則不溫夏日衣之則不凉為長戟二丈四尺短戟
一丈二尺革車掩戶縵輪籠轂觀之於目則不麗乘之
於田則不輕不識主君安用此也若以備進戰退守而
不求能用者譬猶伏雞之搏狸乳犬之犯虎雖有鬬心
隨之死矣昔承桑氏之君脩德廢武以滅其國家有扈
氏之君恃眾好勇以喪其社稷明主鑒茲必內修文德
外治武備故當敵不進無逮於義夫僵屍而哀之無逮
於仁夫於是文侯身自布席夫人捧觴醮吳起於廟立
為大將守西河與諸侯大戰七十六全勝六十四餘則

均解闊土四面拓地千里皆起之功也

圖國

吳子曰昔之圖國家者必先教百姓而親萬民有四不
和不和於國不可以出軍不和於軍不可以出陣不和
於陣不可以進戰不和於戰不可以決勝是以有道之
主將用其民先和而後造大事不敢信其私謀必告於
祖廟啟於元龜參之天時吉乃後舉民知君之愛其命
惜其死若此之至而與之臨難則士以進死為榮退生
為辱矣吳子曰夫道者所以反本復始義者所以行事
立功謀者所以違害就利要者所以保業守成若行不
合道舉不合義而處大居貴必及之是以聖人綏之
以道理之以義動之以禮撫之以仁此四德者修之則
興廢之則衰故成湯討桀而夏民喜悅周武伐紂而殷
人不非舉順天人故能然矣吳子曰凡制國治軍必教
之以禮勵之以義使有恥也夫人有恥在大足以戰在
小足以守矣然戰勝易守勝難故曰天下戰國五勝者

《吳子》四庫全書(文淵閣) 子部(2) 兵家類. 周, 吳起(撰)

〈起吮卒疽(오기가 부하의 종기를 빨아주는 모습)〉明末清初 石印本《東周列國志》삽화

〈吳起遭亂箭圖〉明刻本《新列國志》삽화

1. 도국圖國

'도국圖國'은 부국강병을 도모함을 뜻한다. 오기吳起는 이 편에서 나라는 전쟁에 앞서 '안으로는 문덕을 잘 닦아內修文德' '먼저 백성을 가르치고 만민을 친히 하여必先敎百姓而親萬民' '도로써 안정시키고 의로써 다스리며 예로써 동원하고 인으로써 위로하여야 함綏之以道, 理之以義, 動之以禮, 撫之以仁'을 강조하고 있다.

그런가 하면 '밖으로는 무비를 갖추어外治武備' '공격을 받아 갇혔을 때는 포위를 뚫고 나갈 수 있어야 하며, 밖으로 공격을 할 때는 그 성을 도륙할 수 있을 정도(內出可以決圍, 外入可以屠城)'의 실력을 갖추어야 한다고 강조하였다. 그렇게 하면서 '능력 있는 자를 윗자리에 앉히고, 불초한 자를 아래에 두어(使賢者居上, 不肖者居下)' '백성들이 생업에 안심하고 종사하며, 자신을 다스리는 자를 친히 여기도록(民安其田宅, 親其有司)' 하면 저절로 '진을 치면 안정될 것이요, 수비를 펼치면 견고할 것이며, 전투를 하면 틀림없이 승리하게 된다(陳必定, 守必固, 戰必勝)'라 하였다.

안으로는 문덕文德을, 밖으로는 무비武備를

오기가 유가儒家의 복장을 하고 기회를 보아 병법을 주제로 위魏 문후文侯를 만났다.

문후가 물었다.

"과인은 군려軍旅의 일에 대해서는 좋아하지 않습니다."

오기가 말하였다.

"저는 드러난 것으로써 숨겨진 것을 점치고 지나간 것으로써 다가올 것을 살펴보건대 임금께서는 어찌 마음과 위배된 말씀을 하십니까? 지금 군께서는 사시四時로 사람을 시켜 짐승 가죽을 벗기게 하며, 그 가죽에다가 붉은 옻칠을 하며 단청으로 그림을 그리며, 물소와 코끼리 등의 도안을 불로 지져 넣고 있습니다. 겨울에 이를 입으면 따뜻하지도 않을 뿐 아니라, 여름에는 시원하지도 않습니다. 만들고 있는 긴 창은 두 길 넉 자나 되며, 짧은 창도 길이가 한 길 두 척이나 됩니다. 가죽을 사용하여 전차戰車의 문을 막고, 수레바퀴를 단단히 매고 씌우고 있습니다. 이는 눈으로 보기에 화려하지도 않을뿐더러, 그 수레를 타고 사냥을 나선다 하더라도 결코 가볍고 편한 것도 아닙니다. 알지 못하겠군요. 임금께서 어찌 이런 것을 사용하고 계신지?

만약 전투에서 진격하고 물러서서 수비하기를 대비함에, 그에 능한 자를 구하지 아니한다면 이들은 비유컨대 이제 갓 깨어난 병아리가 삵쾡이에 대드는 것과 같고 젖먹이 강아지가 호랑이에게 덤벼드는 것 같아, 비록 투지鬪志가 있다 해도 그런 일을 벌이는 즉시 죽고 말 것입니다.

옛날 승상씨承桑氏의 임금이 덕만 닦고 무武은 폐해 버리자 그 나라를 망치고 말았고, 유호씨有扈氏의 군주는 무리가 많음을 믿고 용맹을 좋아하다가 그 사직社稷을 잃고 말았습니다. 명철한 군주라면 이를 거울로 삼아 반드시 안으로는 문덕文德을 닦고, 밖으로는 무비武備를 다스리는 법입니다.

그러므로 적을 만나고 나서도 감히 진격하지 못한다면 이는 의義에 머물러 있을 수 없는 것이요, 굳어 버린 시신으로 애달피 여기고만 있다면 인仁에 머물러 있을 수 없는 것입니다."

이에 문후는 몸소 자리를 마련하고, 부인은 술잔을 올려 오기를 사당에서 조상에게 고하는 초례醮禮를 행하고, 그를 대장大將으로 세워 서하西河를 지키도록 하였다.

이리하여 제후들과 큰 전쟁 76회에 전승을 거둔 것이 64번이었으며, 그 나머지 전쟁은 서로 대등하였다. 국토의 사방을 개척하여 그 땅이 1천 리나 되었으니 모두가 오기의 공이었다.

吳起儒服, 以兵機見魏文侯.

文侯曰:「寡人不好軍旅之事.」

起曰:「臣以見占隱, 以往察來, 主君何言與心違? 今君四時使斬離皮革, 掩以朱漆, 畫以丹靑, 爍以犀象. 冬日衣之則不溫, 夏日衣之則不涼. 爲長戟二丈四尺, 短戟一丈二尺. 革車奄戶, 縵輪籠轂, 觀之於目則不麗, 乘之以田則不輕, 不識主君安用此也? 若以備進戰退守, 而不求能用者, 譬猶伏雞之搏狸, 乳犬之犯虎, 雖有鬪心, 隨之死矣. 昔承桑氏之君, 修德廢武, 以滅其國; 有扈氏之君, 恃衆好勇, 以喪其社稷. 明主鑒茲, 必內修文德, 外治武備. 故當敵而不進, 無逮於義矣; 僵屍而哀之, 無逮於仁矣.」

於是文侯身自布席, 夫人捧觴, 醮吳起於廟, 立爲大將, 守西河. 與諸侯大戰七十六, 全勝六十四, 餘則鈞解. 闢土四面, 拓地千里, 皆起之功也.

【魏文侯】戰國 초기 三晉 중의 魏나라 君主. 당시 여러 나라 중에 제일 먼저 개혁정책을 펴서 七雄 중에 최초로 부국 강병을 꾀하였다. 재위는 B.C.445~396 50년. 이름은 '斯'이며 《史記》에는 '都'로 되어 있다. 그는 卜子夏・段干木・田子方, 吳起 등을 보필로 삼았으며 《吳子》는 바로 이 위 문후와 오기 사이에 병법과 국방, 부국 강병 등에 관한 토론을 기록한 것임.

【儒服】유가 복장. 공자의 가르침을 따르고 신봉하던 자들이 입던 복장으로, 소매가 느슨하며 옷이 넓어 예를 시행하기에 편함. 여기서는 오기가 병법에 깊은 관심과 특장을 보이면서도 옷은 유가의 복장을 하였음을 표현한 것임.

《莊子》田子方에 "儒者冠圜冠者知天時, 履句履者知地形, 緩珮玦者事至而斷" 이라 하여 복장이 天·地·事를 상징한다 함.

【兵機】 작전과 전투에 필요한 모든 기틀이나 기회.

【軍旅】 주나라 제도에 1만 2천 5백 명을 '軍'이라 하며 2천 5백 명을 '師', 그리고 5백 명 단위가 '旅'가 됨. 여기서는 군대의 편제를 뜻함.

【見】 현으로 읽음. 드러냄. 뵘.

【隱】 안에 숨겨진 욕망.

【斬離皮革】 짐승의 피혁을 잘라 만든 보호 장구.

【掩以朱漆】 붉은 옻칠을 하여 부패하지 않도록 다듬음.

【爍以犀象】 서우(犀牛)와 코끼리 등 각종 맹수의 모양을 불로 지져 새겨 넣음.

【長戟】 긴 창. 공격용을 사용함.

【革車奄戶】 가죽으로 수레의 주위를 싸서 적의 공격을 막고 수레 안의 사람들을 보호함. 엄호는 집안을 보호하듯이 함을 말함.

【緩輪籠轂】 수레의 취약한 모든 부분을 싸고 막고 덮어 안전을 취함.

【田】 '畋'과 같음. 사냥을 뜻함.

【搏貍】 먹이를 덮치는 살쾡이처럼 행동함.

【承桑氏】 炎帝, 黃帝 시대 太昊氏의 후예인 少昊氏를 가리킴. 당시 東夷族의 영수이며 窮桑이라는 곳에 살아 窮桑氏라고도 하며 음이 비슷한 空桑氏라고도 함. 이들은 지금의 山東 지역에서 흥기하여 내륙 서쪽으로 진출함.

【有扈氏】 夏禹시대 제후. 하나라와 동성이었으나 우임금이 아들에게 천하를 물려주려 하자 거부하다가 啓에게 멸망당하였음. 《尚書》 甘誓篇 참조.

【社稷】 社는 토지신, 稷은 곡신. 국가의 상징과 기틀을 뜻하는 말로 쓰임.

【醮吳起於廟】 오기를 등용하여 조상의 사당에 그 사실을 알리는 의식을 행함.

【西河】 魏나라 경내의 황하 서쪽. 지금의 陝西省 동부 지역.

【鈞解】 한결같이 화해를 이루어 평온해짐.

002(1-2)
먼저 백성을 가르치고 만민을 친히 하라

오기가 말하였다.

"옛날 나라를 다스리는 자는 반드시 먼저 백성을 가르치고 만민을 친히 하였다.

네 가지 화합하지 못하는 경우가 있으니, 나라에 화목이 이루어지지 않았을 때는 군대를 진군시키지 못한다.

군대 내에 화목이 이루어지지 않으면 진을 칠 수가 없다.

진영 내에 화목이 이루어지지 않으면 그 전투에서 진격을 할 수가 없다.

진격 중에 화목이 이루어지지 않으면 승리를 거둘 수 없다.

이 까닭으로 도가 있는 군주가 장차 그 백성을 전쟁에 사용하고자 하면 반드시 먼저 화합을 이루고 나서 큰 일을 벌이는 것이다.

감히 자신의 사사로운 모책을 믿지 않으며, 반드시 조상의 사당에 고하고, 원구元龜로 점을 쳐서 열어 보며, 천시天時를 참조하여 길吉하다 하면 그 뒤에야 거행하는 것이다. 백성들은 임금이 자신들의 목숨을 아까워하며 자신들의 죽음을 안타까워함을 알고 나서야, 만약 이러한 지경에 이르러 함께 난에 임한다면 그 사졸들은 나서서 죽는 것이 영광이요, 물러서 사는 것이 욕되다 여기게 되는 것이다."

吳子曰:「昔之圖國家者, 必先敎百姓而親萬民. 有四不和; 不和
於國, 不可以出軍; 不和於軍, 不可以出陳; 不和於陳, 不可以進戰;
不和於戰, 不可以決勝.

是以有道之主, 將用其民, 先和而造大事. 不敢信其私謀, 必告於
祖廟, 啓於元龜, 參之天時, 吉乃後擧. 民知君之愛其命, 惜其死, 若此
之至, 而與之臨難, 則士以進死爲榮, 退生爲辱矣.」

【出陳】 '陳'은 '陣'과 같음. 전투에 대비하여 나아가 진을 침. 작전에서의 전투
陣形. 陣地. 陣營 등 군사 용어. 흔히 모든 병법서에 '陳'과 '陣'을 혼용하고
있으나 고대에는 '陳'자가 원자였음. 《論語》 衛靈公篇에 "衛靈公問陳於孔子.
孔子對曰: 「俎豆之事, 則嘗聞之矣; 軍旅之事, 未之學也.」明日遂行. 在陳絶糧,
從者病, 莫能興. 子路慍見曰: 「君子亦有窮乎?」子曰: 「君子固窮, 小人窮斯濫矣.」"
이라 하였고, 集註에 "陳, 謂軍師行伍之列"라 하였다. 이 '陳'자가 '陣'자로 군사학
에서 '진을 치다'는 전용어로 바뀐 것에 대한 이론은 상당히 많다. 이에 대하여
《顔氏家訓》 書證篇에는 다음과 같이 고증하고 있다.

『태공(太公)의 《육도(六韜)》에 천진(天陳)・지진(地陳)・인진(人陳)・운조지진(雲鳥
之陳) 등이 있다. 그리고 《논어(論語)》에 "위령공이 공자에게 진(陳)을 물었다"라
하였으며, 《좌전(左傳)》에는 "어려지진(魚麗之陳)을 치다"라 하였다. 그런데 속본
에는 흔히 「阜」방에 거승(車乘)의 「거(車)」를 써서 「진(陣)」으로 쓴다. 생각건대
여러 진대(陳隊)는 모두가 진정(陳鄭)의 진(陳)자여야 한다. 무릇 행진(行陳)의
뜻은 진열(陳列)이란 말에서 취한 것이다. 이는 육서(六書) 중의 가차(假借)이다.

《창힐편(蒼頡篇)》과《이아(爾雅)》및 근세의 자서(字書)에는 모두가 따로 별자(別字)가 없었다. 그런데 오직 왕희지(王義之)의 〈소학장(小學章)〉에만은 「阜(阝)」옆에 거(車)를 썼다. 비록 세속에 이미 통행되고는 있지만 그렇다고 이를 근거로《육도》,《논어》,《좌전》을 고치는 것은 마땅치 않다.」(太公《六韜》, 有天陳·地陳·人陳·雲鳥之陳.《論語》曰:「衛靈公問陳於孔子.」《左傳》:「爲魚麗之陳.」 俗本多作阜傍車乘之車. 案諸陳隊, 並作陳·鄭之陳. 夫行陳之義, 取於陳列耳, 此六書爲假借也,《蒼》·《雅》及近世字書, 皆無別字; 唯王義之〈小學章〉, 獨阜傍作車, 縱復俗行, 不宜追改《六韜》·《論語》·《左傳》也.) 그러나 여기서 "王義之의 〈소학장〉에서 그렇게 썼다"라 한 것은 義義라는 사람이 쓴 것을 잘못 알아 왕희지의 저작이라고 한다. 趙曦明은 「《隋書》經籍志:《小學篇》一卷, 晉下邳內史王義撰. 諸本並作王義之, 乃妄人謬改」라 하였다.

【進戰】적을 향해 진군함.

【大事】전쟁을 뜻함.《左傳》成公 13년에 "國之大事在祀與戎"이라 함.

【私謀】사사로운 개인의 견해나 모책.

【元龜】점을 치기 위하여 준비한 큰 거북 껍질의 龜甲.

【惜其死】그 생명을 귀히 여김. 군주나 장수가 병사를 자신의 자녀처럼 아낌을 뜻함.

【臨難】전투에서의 죽음을 무릅쓴 위난함을 뜻함.

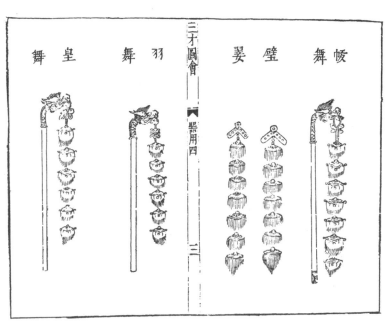

《三才圖會》에 실려 있는 고대 각종 전투 장비

덕을 닦으면 흥하고 덕을 폐하면 쇠하리라

오기가 말하였다.

"무릇 도道라고 하는 것은 인간이 선량한 본성으로 되돌아오고 다시 시작하도록 하는 것이요, 의義라고 하는 것은 공을 세우고 업적을 이루게 함이요, 모謀라고 하는 것은 손해에서 벗어나 이익을 따르게 하는 것이며, 요要라고 하는 것은 자신의 이룬 사업을 보전하기 위함이다.

만약 행동이 도에 부합하지 않고 거동이 의에 부합하지 않으면서 대권을 쥐고 그 몸이 요직에 앉았다면 환난은 틀림없이 찾아오고 말 것이다.

이 까닭으로 성인聖人은 도로써 천하를 편안히 하며, 의로써 국가를 다스리며, 예禮로써 백성을 동원하며, 인仁으로써 백성을 어루만진다. 이 네 가지 덕행이 나라에 닦여지면 나라가 흥할 것이요, 이것이 폐하면 나라는 쇠망하고 말 것이다.

그러므로 성탕成湯이 하夏나라 걸桀을 토벌하자 하나라 백성들이 즐거워하였고, 주周나라 무왕武王이 은殷나라 주紂를 토벌하자 은나라 사람들이 그르다 여기지 않았던 것이다.

하늘과 사람의 뜻에 순종하여 거사하였기 때문에 능히 그와 같을 수 있었던 것이다."

吳子曰:「夫道者, 所以反本復始; 義者, 所以行事立功; 謀者, 所以違害就利; 要者, 所以保業守成. 若行不合道, 擧不合義, 而處大居貴, 患必及之. 是以聖人綏之以道, 理之以義, 動之以禮, 撫之以仁. 此四德者, 修之則興, 廢之則衰, 故成湯討桀而夏民喜悅, 周武伐紂而殷人不非. 擧順天人, 故能然矣.」

【反本復始】 그 근본 본성으로 돌아가 자신의 생명을 보존하여 살아감.
【保業】 업적을 지켜 나감.
【處大居貴】 크고 귀한 위치에 거함.
【成湯討桀】 成湯은 商(殷)나라 湯임금. 이름은 履. 은나라 개국 군주로 夏나라 末王 桀(癸)을 쳐서 멸함.
【周武伐紂】 周武는 周나라 武王. 이름은 姬發. 文王(姬昌)의 아들이며 周公 旦의 형. 商(殷)의 말왕 폭군 紂를 쳐서 멸함.
【擧順天人】 하늘과 사람의 뜻에 순응하여 거사하였음을 말함. 順天應人으로 미화한 것.

예를 가르치고 의를 권면함은 치욕을 밝히기 위함이다

오기가 말하였다.

"무릇 국가를 다스리고 군대를 통치함에는, 반드시 먼저 예로써 가르치고, 의로써 면려하여 부끄러움이 무엇인지 알도록 해야 한다. 무릇 사람에게 부끄러움이 있게 되면 크게는 족히 전투를 할 수 있고, 적게는 족히 지켜낼 수 있기 때문이다. 그러나 전쟁에서 이기기는 쉬우나 지켜내기는 어렵다. 그러므로 '천하에 전쟁을 치르는 나라로써 다섯 번 승리하는 자는 화를 입고, 네 번 승리하는 자는 피폐해지며 세 번 승리하는 자는 패霸가 되고, 두 번 승리하는 자는 왕王이 되며, 한 번 승리하는 자는 제帝가 된다'라고 말하는 것이다. 이 까닭으로 자주 승리하여 천하를 얻은 자는 드문 법이며 도리어 이로써 망한 자가 많은 것이다."

吳子曰:「凡制國治軍, 必敎之以禮, 勵之以義, 使有恥也. 夫人有恥, 在大足以戰, 在小足以守矣. 然戰勝易, 守勝難. 故曰:'天下戰國, 五勝者禍, 四勝者弊, 三勝者霸, 二勝者王, 一勝者帝.' 是以數勝得天下者稀, 以亡者衆.」

【制國】나라를 통제함. 국가를 다스려 나가는 일체의 통치.
【守勝難】이미 이루어 놓은 승리를 지켜내기가 어려움.
【五勝】여러 차례의 승리라는 뜻.
【王·霸·帝】王은 王道政治를 펴는 군주. 周나라 文王, 武王 등이 이에 해당하며 霸는 霸道政治, 즉 힘으로 천하를 이끌어 나가는 군주. 春秋五霸가 이에 해당함. 帝는 고대의 이상적인 聖人 군주. 흔히 五帝를 지칭하는 말로 쓰임.
【數】'저주'의 뜻. '삭'으로 읽음.

병兵을 일으킴은 동기와 조건에 따라 달라야 한다

오기가 말하였다.

"무릇 전쟁이 일어나는 바의 원인은 다섯 가지가 있다. 첫째는 명예를 다툼이요, 둘째는 이익을 다툼이요, 셋째는 악이 누적된 경우이며, 넷째는 내란이 일어난 때문이요, 다섯째는 기근으로 말미암음이다. 전쟁의 명칭도 또한 다섯 가지가 있으니 첫째는 의병義兵, 둘째는 강병强兵, 셋째는 강병剛兵, 넷째는 포병暴兵, 다섯째는 역병逆兵이다. 포악함을 금하고 그 난에서 구제해 줌을 의병이라 하고, 무리가 많음을 믿고 남을 침벌하는 것을 강병이라 하며, 감정적 노기로 인해 군사를 일으키는 것을 강병이라 하며, 예를 버리고 이익에만 탐하는 것을 포병이라 하며, 나라가 어지러워 백성이 피폐한데도 도리어 일을 벌여 무리를 동요시키는 것을 역병이라 한다. 이 다섯 가지 전쟁에 대처하는 방법은 각각 그 상황에 따른 도가 있다. 의병일 경우 반드시 예로써 복종시켜야 하며, 강병이라면 겸손으로 복종시켜야 하고, 강병은 반드시 말로 달래어 설복시켜야 하고, 포병일 경우 사술詐術로써 복종시켜야 하며, 역병이라면 권위로써 복종시켜야 한다."

吳子曰:「凡兵之所起者有五: 一曰爭名, 二曰爭利, 三曰積惡, 四曰內亂, 五曰因饑. 其名又有五: 一曰義兵, 二曰强兵, 三曰剛兵, 四曰暴兵, 五曰逆兵.

禁暴救亂曰義, 恃衆以伐曰强, 因怒興師曰剛, 棄禮貪利曰暴, 國亂人疲, 擧事動衆曰逆. 五者之數, 各有其道, 義必以禮服, 强必以謙服, 剛必以辭服, 暴必以詐服, 逆必以權服.」

【兵】 원래 무기를 지칭하는 말이었으나 전투, 작전, 전쟁을 뜻하는 말로 광범위하게 쓰임. 《孫子》에 "兵者, 國之大事"라 함.

【爭名】 명분, 명예, 명위를 다투어 전쟁이 발생함.

【積惡】 악행이 누적되어 복수심을 일으키도록 하는 것. 이로 인해 미움이 쌓여 결국 전쟁을 일으키게 됨을 뜻함.

【數】 대처 방법을 뜻함.

【禮服】 예로써 복종시킴을 뜻함.

【謙服】 자신이 겸손히 굴어 복종하게 함.

【辭服】 말로 달래어 복종하게 함.

【詐服】 사술과 거짓, 詭譎(궤휼)의 방법으로 복종하게 함.

【權服】 권술과 모략으로 복종하게 함. 혹은 상황을 반전시켜 權變으로 대처해야 함을 뜻함.

006(1-6)
군을 다스리고 사람을 헤아려 나라를 부강하게 하라

무후武侯가 말하였다.

"군사를 다스리는 일, 그리고 호구를 조사하는 일, 나라를 공고히 하는 도리를 듣고자 합니다."

오기가 대답하였다.

"옛날의 영명한 임금은 반드시 임금과 신하 사이의 예절을 근엄하게 하고 상하의 예의를 잘 다듬었으며, 이렇게 하여 백성을 편안히 하고 관리를 모아 풍속에 따라 그에 맞게 교화를 펼쳤으며, 어진 인재를 뽑고 모집하여 뜻밖의 일에 대비하였습니다.

옛날 제齊 환공桓公은 5만 명을 모아 제후 중의 패자가 되었고, 진晉 문공文公은 4만 명의 선두 부대를 모아 그 뜻을 얻을 수 있었으며, 진秦 목공繆公은 함진陷陳의 용감한 병사 3만을 배치하여 이웃 적들을 굴복시켰습니다.

그러므로 강한 나라의 군주란 반드시 그 백성의 가구를 헤아립니다. 그 백성 중에 담력과 용기가 있는 자가 있으면 이를 모아 하나의 졸*을 삼는 것입니다. 그리고 나서서 진격하여 목숨을 바치면서 그 충성과 용맹을 드러내기를 즐겨하는 자가 있으면 이를 모아 하나의 졸을 삼았으며, 능히 높은 지형을 넘고 먼곳까지 달려가며 가벼운 발걸음으로 잘 내닫는 자가 있으면 이를 모아 하나의 졸을 삼았으며, 왕과 신하가 그 직위를 잃었을 때 그 공을 위로 나타내고자 하는 자가 있으면 이를 모아 하나의 졸을 삼았으며, 성을 버리고 수비도 못한 적이 있어 그 치욕을 씻고야 말겠다는 자가 있으면 이를 모아 하나의 졸을 편성하였습니다. 이 다섯 가지는 군대의 정예 부대가 되는 것입니다. 이런 자가 3천 명만 되면 안으로는 포위를 뚫고 나아갈 수 있고, 밖으로는 들어가 적의 성을 도륙할 수 있습니다."

武侯問曰:「願聞治兵·料人·固國之道.」

起對曰:「古之明王, 必謹君臣之禮, 飾上下之儀, 安集吏民, 順俗
而教, 簡募良材, 以備不虞. 昔齊桓募士五萬, 以霸諸侯; 晉文召爲前行
四萬, 以獲其志, 秦繆置陷陳三萬, 以服鄰敵. 故強國之君, 必料其民.
民有膽勇氣力者, 聚爲一卒. 樂以進戰效力, 以顯其忠勇者, 聚爲一卒.
能踰高超遠, 輕足善走者, 聚爲一卒. 王臣失位而欲見功於上者, 聚爲
一卒. 棄城去守, 欲除其醜者, 聚爲一卒. 此五者, 軍之練銳也. 有此
三千人, 內出可以決圍, 外入可以屠城矣.」

【武侯】 위나라 武侯. 文侯의 아들이며 전국시대 魏나라 군주. 이름은 擊. 재위
　26년(B.C.394~370). 전국 초기 魏나라를 七雄 가운데 대국강병으로 성장시킨
　군주.
【料人】 周나라 때 호적 제도를 만들어 백성의 가구와 경작 등을 조사하는 것을
　'料人'이라 함.
【飾上下之儀】 윗사람과 아랫사람의 儀節을 잘 정비하여 바르게 함.
【安集吏民】 관리와 백성이 서로 자신의 직무를 다하여 편안히 여기며 흩어지지
　않도록 함. 정치가 잘 행해짐을 뜻함.
【不虞】 적이 쳐들어오는 등 의외의 사건.
【齊桓】 춘추시대 제나라 桓公. 이름은 小白. 춘추오패의 首長. 管仲·隰朋 등의
　도움으로 '一匡天下, 九合諸侯'한 인물. 재위 43년(B.C.685~643).《史記》齊太公
　世家 참조.

【晉文】 역시 춘추오패의 하나로 晉나라 文公. 이름은 重耳. 재위 9년(B.C.636~628). 獻公이 驪姬를 총애하여 太子 申生을 죽이자, 도망하여 망명생활 끝에 돌아와 임금이 되었다. 介子推와의 '寒食' 고사를 남겼다. 《史記》 晉世家 참조.

【前行】 누구보다 앞서 돌격하겠다는 전진 부대.

【秦繆】 춘추시대 秦나라 穆公. 繆은 穆과 같음. 역시 춘추오패의 하나. 성은 嬴氏, 이름은 任好. 재위 39년(B.C.659~621). 百里奚, 蹇叔을 등용하여 패자가 됨. 《史記》 秦本紀 참고.

【陷陳】 陳은 陣과 같음. 적의 진지를 陷落시킬 수 있는 용감한 병사들.

【卒】 고대 군대의 편제 단위. 주나라 때는 100명을 하나의 졸로 삼아 이를 하나의 부대로 편성하였음.

【醜】 역부족으로 적의 공격을 막아내지 못하여 지키던 성을 버리고 수비하지 못한 채 물러섰던 치욕을 뜻함.

【練銳】 잘 精練된 銳兵.

007(1-7)
진을 바르게 치고 수비를 견고히 하라

무후가 물었다.

"진지를 구축하여 틀림없이 안정되며, 수비를 하되 반드시 견고하며, 전투를 벌이면 반드시 승리하고야 마는 방법을 듣고자 합니다."

오기가 대답하였다.

"이는 그 선 자리에서 그대로 알 수 있는 것이니 어찌 그저 듣는 것으로 되겠습니까! 임금이 능히 어진 이를 높은 자리에 앉히고 불초한 자를 아래에 처하게 할 수만 있다면 진지는 이미 안정된 것이며, 백성이 그 농사짓는 일과 자신의 삶에 안전하다고 여기면서 그 맡은 관리를 친히 여기기만 한다면 수비는 이미 견고한 것이며, 백성이 모두 우리 임금이 하는 일은 옳은 것이요 이웃 나라가 그르다고 여기기만 한다면 전쟁은 이미 승리를 거둔 것입니다."

武侯問曰:「願聞陳必定・守必固・戰必勝之道.」

起對曰:「立見且可, 豈直聞乎! 君能使賢者居上, 不肖者處下, 則陳己定矣; 民安其田宅, 親其有司, 則守己固矣. 百姓皆是吾君而非鄰國, 則戰己勝矣.」

【直】'단지, 오직'의 뜻.

【有司】어떤 일을 맡은 해당자를 뜻함.

【是吾君而非鄰國】자신의 임금이 하는 일은 옳은 것이며 이웃 나라가 그른 것이라 여김. 자신의 나라에 대하여 정당성을 믿고 따름.

008(1-8)
군주로서 스승을 얻으면 왕자가 되고
친구를 얻으면 패자가 된다

무후가 일찍이 어떤 일에 모책을 짜고 있었는데 여러 신하들 그 누구도 그의 능력에 미치지 못하자, 무후는 우쭐하여 조회가 파하고 즐거운 얼굴색이었다.

오기가 나서서 진언하였다.

"옛날 초楚 장왕莊王이 일찍이 어떤 일을 도모하면서 여러 신하들이 능히 그의 능력에 미치지 못하자, 조회를 파하고 근심스러운 얼굴색을 하였습니다. 그 때 신공申公이 물었지요. '임금께서 근심 띤 얼굴이시니 어찌 된 일입니까?' 그러자 장왕은 이렇게 말하였습니다. '과인이 듣기로 세상에는 성인이 끊어지게 하지 않았으며 나라에는 어진 이를 모자라게 하지 않았다 하오. 임금이 능히 그 스승 될 만한 자를 얻으면 왕王이 되고 그 친구 될 만한 자를 얻으면 패霸가 된다 하였소. 지금 과인이 재주가 없는 데도 여러 신하들 중에 나를 미칠 만한 자가 없으니 초나라는 끝난 것이오!' 이처럼 초 장왕이 근심으로 여긴 바를 임금께서는 즐거움으로 여기고 있으니 저는 몰래 생각건대 두렵습니다."

이에 무후는 부끄러운 기색을 나타내었다.

武侯嘗謀事, 群臣莫能及, 罷朝而有喜色.

起進曰:「昔楚莊王嘗謀事, 群臣莫能及, 罷朝而有憂色. 申公問曰: ‘君有憂色, 何也?’ 曰: ‘寡人聞之, 世不絶聖, 國不乏賢, 能得其師者王, 能得其友者霸. 今寡人不才, 而群臣莫及者, 楚國其殆矣!’ 此楚莊王之所憂, 而君說之, 臣竊懼矣.」

於是武侯有慚色.

【罷朝】조정의 회의를 끝냄. 朝는 조정회의를 뜻함.

【楚莊王】춘추시대 楚나라의 영명한 군주. 성은 미(半)씨. 이름은 려(旅, 呂, 侶). 춘추오패의 하나로 王을 칭함. 재위 23년(B.C.613~591). ‘問九鼎之輕重’, ‘三年不飛’, ‘絶纓’ 등의 고사를 남김. 《史記》楚世家 참조. 이상 吳起가 예로 든 초 장왕의 고사는 《說苑》(君道篇)에 "楚莊王旣服鄭伯, 敗晉師, 將軍子重, 三言而不當, 莊王歸, 過申侯之邑, 申侯進飯, 日中而王不食, 申侯請罪, 莊王喟然嘆曰:「吾聞之, 其君賢者也, 而又有師者王; 其君中君也, 而又有師者霸; 其君下君也, 而羣臣又莫若君者亡. 今我, 下君也, 而羣臣又莫若不穀, 不穀恐亡, 且世不絶聖, 國不絶賢; 天下有賢, 而我獨不得, 若吾生者, 何以食爲?」故戰服大國, 義從諸侯, 戚然憂恐聖知不在乎身, 自惜不肖, 思得賢佐, 日中忘飯, 可謂明君矣."라 하였으며, 《呂氏春秋》驕恣篇에는 "昔者, 楚莊王謀事而當, 有大功, 退朝而有憂色. 人左右曰:「王有大功, 退朝而有憂色敢問其說?」王曰:「仲虺有言, 不穀說之, 曰:『諸侯之德, 能自爲取師者王, 能自取友者存, 其所擇而莫如己者亡.』今以不穀之不肖也,

群臣之謀又莫吾及也, 我其亡乎!」라 하였고,《韓詩外傳》(卷6)에는 "昔者, 楚莊王
謀事而當, 居有憂色. 申公巫臣問曰:「王何爲有憂也?」莊王曰:「吾聞諸侯之德,
能自取師者王, 能自取友者霸, 而與居不若其身者亡. 以寡人之不肖也, 諸大夫之
論莫有及於寡人, 是以憂也.」莊王之德宜君人, 威服諸侯, 日猶恐懼, 思索賢佐,
此其先生者也."라 하였다. 또《荀子》(堯問篇)에는 "楚莊王謀事而當, 群臣莫逮,
退朝而有憂色. 申公巫臣進問曰:「王朝而有憂色, 何也?」莊王曰:「不穀謀事而當,
群臣莫能逮, 是以憂也. 其在中蘬之言也, 曰:『諸侯自爲得師者王, 得友者霸, 得疑
者存, 自爲謀而莫己若者亡.』今以不穀之不肖, 而群臣莫吾逮, 吾國幾於亡乎! 是以
憂也.」라 하였으며,《新序》(雜事1)에는 "昔者, 魏武侯謀事而當, 群臣莫能逮,
朝而有喜色. 吳起進曰:「今者, 有以楚莊王之語聞者乎?」武侯曰:「未也, 莊王之
語奈何?」吳起曰:「楚莊王謀事而當, 群臣莫能逮, 朝而有憂色. 申公巫臣進曰:
『君朝有憂色, 何也?』楚王曰:『吾聞之: 諸侯自擇師者王, 自擇友者霸, 足己而群
臣莫之若者亡. 今以不穀之不肖而議於朝, 且群臣莫能逮, 吾國其幾於亡矣. 是以
有憂色也.』莊王之所以憂, 而君獨有喜色, 何也?」武侯逡巡而謝曰:「天使夫子
振寡人之過也, 天使夫子振寡人之過也..」라 하였고, 賈誼《新書》(先醒篇)에는
"莊王歸, 過申侯之邑. 申侯進飯, 日中而王不食. 申侯請罪曰:「臣齋而具食甚潔,
日中而不飯, 臣敢請罪.」莊王喟然嘆曰:「非子之罪也! 吾聞之曰, 其君賢君也,
而又有師者王; 其君中君也, 而有師者伯; 其君下君也, 而群臣又莫若者亡. 今我
下君也, 而群臣又莫若不穀, 不穀恐亡無日也. 吾聞之, 世不絶賢. 天下有賢而我獨
不得, 若吾生者, 何以食爲?」故莊王戰服大國, 義從諸侯, 戚然憂恐, 聖智在身,
而自錯不肖, 思得賢佐, 日中忘飯, 可謂明君矣."라 하는 등 여러 곳에 그 관련
기록이 있다.

【申公】 申公巫臣. 楚나라 대부로 申 땅에 봉해진 公 爵位의 대신. 다른 기록 에는 申侯로 되어 있음.

【寡人】 왕이 스스로를 낮추는 말. 寡는 寡德之人의 준말. 不穀, 孤와 같음. 《老子》39장에 "故貴以賤爲本, 高以下爲基. 是以侯王自謂孤·寡·不穀, 此非以 賤爲本邪? 非歟?"라 하였으며 42장에 "人之所惡, 唯孤·寡·不穀, 而王公以爲稱" 이라 함. 한편 《禮記》曲禮에 「諸侯見天子曰臣某侯某, 其與民言, 自稱曰寡人」 이라 하였음.

【殆】 부사로 '거의'라는 말로 흔히 '거의 위태하다', '더 희망이 없다'는 뜻으로 쓰인다.

【說】 '悅'과 같음.

【竊】 자신의 의견이나 생각을 낮추어 말할 때 쓰는 표현. '누군가가 이미 생각한 것일 테지만 내가 훔쳐 생각한다'는 뜻.

오
자

2. 요적料敵

　'요적料敵'은 적정을 살펴 모책을 짬을 뜻한다. 손자孫子(孫武)는 이미 '지피지기知彼知己 백전불태百戰不殆'라 하여 적의 역량을 알아 대처하는 것이 병법에서 가장 중요한 절체절명의 요체임을 밝혔다. 오기吳起 역시 당시 위魏나라의 지리적 조건을 들어 전국시대 여섯 나라의 가장 중앙에 처하여 사방이 적으로 둘러싸인 불리한 조건을 간파, 우선 '국가 안전은 경계에 있음(安國家之道, 先戒爲寶)'라 주장 하여 여섯 주위 국가의 정치·경제·군사·지리·민정·군대 등을 분석하고 판단하여 각기 서로 다른 작전과 전술로 대처할 것을 주장하였다.

　그리하여 적의 허실을 잘 살펴 그들의 취약점을 노릴 것(審敵虛實 而趨其危)을 기본 방침으로 하였다. 그리하여 무모한 전쟁보다는 가하다고 여기면 진공하며, 불리할 경우 물러설 수 있는(可見而進, 知難而退) 환경을 늘 염두에 둘 것을 진술하고 있다.

009(2-1)
국가의 안녕을 위하여
계율을 지키는 것을 보배로 여겨라

무후가 오기에게 물었다.

"지금 진秦나라가 우리 서쪽을 위협하고 있으며, 초楚나라는 우리 남쪽을 둘러싸고 있습니다. 그런가 하면 조趙나라는 우리의 북쪽을 치고 있으며, 제齊나라는 우리의 동쪽에 임해 있습니다. 그리고 연燕나라는 우리의 뒤를 단절시키고 있으며, 한韓나라는 우리의 앞에 버티고 있습니다. 이 여섯 나라가 사방에서 지키고 있으니 그 형세로 보아 심히 편안하지 않습니다. 근심이 이와 같으니 어찌하면 좋겠습니까?"

오기가 대답하였다.

"무릇 제나라는, 성격이 강퍅하며 그 나라는 부강하여 임금과 신하가 교만하고 사치스러우며 일반 저급한 백성에게 간홀히 하고 있습니다. 게다가 그들의 정치는 느슨하며 봉록도 고르게 베풀지 못하여 한 진지에 두 마음이며 앞은 강하나 뒤는 가볍습니다. 그러므로 중하되 견고하지는 못합니다. 이러한 나라를 치는 방법은 반드시 세 길로 분할하되 두 길은 그 좌우 측면을 공격하고, 하나는 그 세를 타고 진격하면 그들의 진영은 가히 허물어 버릴 수 있습니다.

다음으로 진나라는, 성격이 강인하고 그 지세는 험하며 그 정치는 엄혹합니다. 그리고 상벌이 미더워 그 나라 사람들은 서로 양보하지 않으며 모두가 싸우고자 하는 마음을 가지고 있습니다. 그러므로 서로 흩어져 각자 싸우지요. 이러한 나라를 치는 방법은 반드시 먼저 이익을 보여 주어 끌어들인 다음 이를 제거해야 합니다. 사졸들은 얻는 것에 탐욕을 부리도록 하고, 그 장수로부터 분리시킨 다음, 그 괴리되고 분산된 틈을 타고 공격하되 매복을 세워 기회를 던져 주면 그 장수를 잡을 수 있습니다.

초나라는, 성격이 나약하며 그 땅은 넓고 그 정치는 매우 소란하여 백성들이 피로에 지쳐 있습니다. 그러므로 정돈되었다 해도 오래 갈 수가 없습니다. 이러한 나라를 치는 방법은 그들이 주둔한 곳을 혼란스럽게 하여 습격하되 먼저 그들 사기를 꺾어 버리고 가볍게 진격하고 속히 물러서면 그들은 피폐하여 노고로워할 것입니다. 이렇게 하여 그들과 전투를 다투지 않으면 그 군대를 가히 탈취할 수 있습니다.

연나라는, 성격이 돈독하고 그 백성은 조심성이 있으며, 용기와 의를 좋아하여 속임수의 모책은 적게 씁니다. 그러므로 이들은 수비할 때면 물러서지 않습니다. 이러한 나라를 치는 방법은 가까이 다가가 압박하되, 능멸하고 멀리하며 달려가서 그들의 후방을 치면 윗사람은 의심을 가지면서도 두려움을 모를 테니, 조심하여 아군의 수레와 기마병이 꼭 피해야 할 경우의 도로를 마련해 두면 그 장수를 사로잡을 수 있습니다.

조, 한의 삼진三晉은, 중국中國에 처한 나라로 그들의 성격은 온화하며, 그 정치는 평온하되 그 백성은 전쟁에 지쳐 있고 전쟁에 아주 익숙합니다. 그 장수를 가벼이 여기며 그 봉록이 아주 박하여 사졸들은 죽겠다는 결심이 없습니다. 그러므로 다스려도 쓸모가 없습니다. 이러한 나라를 치는 방법은 그 진지를 가로막고 압박하되 무리가 투항해 오면 이를 받아 주지 않고 그들이 떠나면 추격하여 그 군대를 피곤하게 하면 됩니다.

이것이 그 형세입니다.

그러나 하나의 군대 안에 반드시 호분虎賁의 용사가 있게 마련이니, 이를테면 그 힘은 구정을 가볍게 들 수 있다거나, 달리는 걸음은 융마 戎馬를 가볍게 따를 수 있다거나, 달려가 적의 깃발을 거두고 적의 장수를 취하여 올 그런 능한 자가 틀림없이 있을 것입니다. 만약 이러한 사람이 있으면 이들을 선발하여 특별 대우를 하고, 이들을 애중히 여겨 귀한 대접을 하도록 하여야 하니 이를 일러 군명軍命이라 합니다. 그들의 그 오병五兵을 잘 다루는 자와 타고난 힘이 건강하고 빠른 자, 투지가 적을 삼킬 만한 자, 이러한 자에게는 반드시 그 작위와 반열班列을 더하여 얹어 주어 승리를 결정지을 수 있도록 해야 합니다. 그리고 그러한 자들의 부모와 처자를 후하게 대우하여 상을 권하고 벌을 두려워 하도록 하여야 하니, 이들은 진지를 견실히 할 사졸들로서 가히 그들과 더불어 지구전을 벌일 수 있는 것입니다. 능히 이러한 일을 잘 헤아리 시면 두 배의 적을 격퇴할 수 있습니다.”

무후가 말하였다.

“훌륭합니다!”

武侯問吳起曰:「今秦脅吾西, 楚帶吾南, 趙衝吾北, 齊臨吾東, 燕絶 吾後, 韓據吾前, 六國兵四守, 勢甚不便, 憂此奈何?」

起對曰:「夫安國家之道, 先戒爲寶. 今君已戒, 禍其遠矣. 臣請論六國之俗; 夫齊陳重而不堅, 秦陳散而自鬪, 楚陳整而不久, 燕陳守而不走, 三晉陳治而不用.

夫齊性剛, 其國富, 君臣驕奢而簡於細民, 其政寬而祿不均, 一陳兩心, 前重後輕, 故重而不堅. 擊此之道, 必三分之, 獵其左右, 脅而從之, 其陳可壞. 秦性强, 其地險, 其政嚴, 其賞罰信, 其人不讓, 皆有鬪心, 故散而自戰. 擊此之道, 必先示之以利而引去之, 士貪於得而離其將, 乘乖獵散, 設伏投機, 其將可取. 楚性弱, 其地廣, 其政騷, 其民疲, 故整而不久. 擊此之道, 襲亂其屯, 先奪其氣, 輕進速退, 弊而勞之, 勿與爭戰, 其軍可敗. 燕性慤, 其民愼, 好勇義, 寡詐謀, 故守而不走. 擊此之道, 觸而迫之, 陵而遠之, 馳而後之, 則上疑而不懼. 謹我車騎必避之路, 其將可虜. 三晉者, 中國也, 其性和, 其政平, 其民疲於戰, 習於兵, 輕其將, 薄其祿, 士無死志, 故治而不用. 擊此之道, 阻陳而壓之, 衆來則拒之, 去則追之, 以倦其師. 此其勢也.

然則一軍之中, 必有虎賁之士; 力輕扛鼎, 足輕戎馬, 搴旗取將, 必有能者. 若此之等, 選而別之, 愛而貴之, 是謂軍命. 其有工用五兵・材力健疾・志在吞敵者, 必加其爵列, 可以決勝. 厚其父母妻子, 勸賞畏罰, 此堅陳之士, 可與持久, 能審料此, 可以擊倍.」

武侯曰:「善!」

【秦】 전국시대 서쪽에 위치하였던 매우 강대한 나라. 춘추시대 오패의 하나인 穆公(繆公)을 낳았으며, 咸陽(지금의 西安 근처)을 도읍으로 함. 전국시대 中後期 法家 사상을 받아들여 크게 발전, 連橫策으로 七雄의 나머지 여섯 나라를 압박하였음. 東進 政策을 썼으며 뒤에 秦始皇 때 결국 천하를 통일함.

【楚】 남쪽 長江을 중심으로 세력을 키웠던 강력한 나라. 수도를 郢, 鄢으로 하였으며 춘추시대 오패 중의 하나인 莊王을 거쳐 전국시대 남방대국으로 성장함.

【趙】 위, 한과 더불어 춘추시대 晉나라가 三分하여 건국한 나라로 중앙의 동북쪽에 위치함. 三晉의 하나. 수도는 邯鄲(한단).

【齊】 동쪽 지금의 山東省을 중심으로 발전한 나라. 周初 姜太公이 봉을 받아 齊桓公과 管仲 등을 배출하였으나 뒤에 陳恒(田常)의 후손이 易姓하여 田氏齊가 되어 戰國時代를 맞음. 수도는 臨淄(지금의 산동성 淄博市 臨淄鎭)였음.

【燕】 지금의 河北省과 遼寧省 일대에서 발전한 나라. 수도는 薊(지금의 북경 근처)였으며 전국 말기 太子 丹과 荊軻의 고사를 낳음.

【韓】 중앙의 남서쪽에 발전한 나라로 수도는 安邑에서 新鄭으로 옮겨 발전함. 三晉의 하나.

【四守】 전국시대 위나라는 가장 중앙에 위치하여 사방 모두를 지켜내어야 하는 지형적 불리함을 가지고 있었음. 《戰國策》 魏策에 "張儀爲秦連橫, 說魏王曰: '魏地方不至千里, 卒不過三十萬人. 地四平, 諸侯四通, 條達輻湊, 無有名山大川之阻. 從鄭至梁, 不過百里; 從陳至梁, 二百餘里. 馬馳人趨, 不待倦而至梁. 南與楚境, 西與韓境, 北與趙境, 東與齊境, 卒戍四方, 守亭障者參列. 粟糧漕庾, 不下十萬. 魏之地勢, 故戰場也. 魏南與楚而不與齊, 則齊攻其東; 東與齊而不與趙, 則趙攻其北; 不合於韓, 則韓攻其西; 不親於楚, 則楚攻其南. 此所謂四分五裂

之道也.'"라 함.

【細民】 저급한 백성이나 군졸.

【不讓】 싸움만 좋아하며 謙讓之心이 없음.

【乘乖】 상대의 乖亂을 틈탐.

【設伏】 매복이나 함정을 설치함.

【屯】 군사가 모여 있는 곳. 주둔하고 있음.

【愨】 성실하고 진실함.《荀子》修身篇에 "勞苦之事則爭先, 饒樂之事則能讓, 端愨誠信, 拘守而詳, 橫行天下, 雖困四夷, 人莫不任"이라 함.

【凌而遠之】 적을 속이고 능멸하고 나서 신속히 멀리 거리를 둠.

【三晉】 춘추 말 晉나라가 知氏·韓氏·魏氏·趙氏·范氏·中行氏 등 여섯 명의 대부에 의해 분열되어 혼전을 벌이다가 韓·魏·趙 세 세력에 의해 瓜分되어 戰國時代를 맞았으며 이 세 나라를 함께 지칭할 때 흔히 '삼진'이라 함. 여기서는 위나라 자신을 제외한 趙나라와 韓나라를 가리킴.

【中國】 中原지역을 뜻하는 말.

【薄其祿】 그 祿을 가벼이 여김.

【虎賁】 용맹한 군사를 지칭함. 마치 호랑이가 먹이를 쫓듯 靈活한 용맹을 가진 병사를 말함.《孟子》盡心(下)에 "武王之伐殷也, 革車三百兩, 虎賁三千人"이라 함.

【力輕扛鼎】 힘이 세어 정을 들어 올릴 정도를 뜻함.

【搴旗取將】 적의 깃발을 뽑고 적장을 잡음.

【軍命】 군대의 생명.

【五兵】 고대 다섯 가지 병기. 여러 가지 설이 있으나 흔히 弓矢·戈·矛·菱·戟을 가리킴.

010(2-2)
적의 조건에 따라 대응 방법도 달라야 한다

오기가 말하였다.

"무릇 적을 헤아려 보아 점을 치지 아니하고 그들과 전쟁을 벌여도 될 경우가 여덟 가지가 있다.

첫째, 매서운 바람과 큰 추위에 아침 일찍 깨우며 밤늦게 이동하며, 얼음을 깨어 물을 길어 먹으면서도 간난艱難을 꺼려 하지 않는 경우.

둘째, 더운 여름 뜨거운 날씨에 해가 솟은 연후에 출발하여 중간에 쉬지도 못하게 하며, 행군을 몰아 갈증에 시달리게 하면서도 먼 곳을 취하기에 힘쓰는 경우.

셋째, 군사가 이미 오랫동안 밖에서 지쳐 있으며 식량도 다하였고, 백성이 원망하고 노하였고 흉한 징조가 자주 나타나는데도 윗사람이 이를 능히 중지하지 않는 경우.

넷째, 군용 물자가 이미 다하였고 땔감과 말먹일 꼴도 부족하며, 날씨는 음우陰雨가 계속되는데도 아무것도 없는 땅에서 약탈하고자 하는 경우.

다섯째, 군대의 무리가 많지 않고 물과 지형은 불리하며, 사람과 말이 모두 지쳐 역질이 있으며 사방 이웃 나라의 도움도 이르지 않는 경우.

여섯째, 길은 멀고 날은 저문데 병사들은 모두 피로에 지치고 두려움에 떨며, 싫증을 내어 아직 밥도 먹지 아니한 채로 무장을 풀고 쉬고 있는 경우.

일곱째, 장수는 경박하고 관리는 경홀하며 사졸은 견고하지 못하고, 삼군이 자주 놀라 있는데도 다른 부대의 도움도 없는 경우.

여덟째, 진지를 마련했으나 아직 고정되지 못하였으며, 설영設營도 아직 마치지 못한 채 가파른 언덕을 행군하며 험한 골짜기를 건너면서 반은 숨고 반은 노출된 경우.

여러 가지가 이와 같은 적이라면 이를 공격하되 의심을 품지 않아도 된다.

다음으로 점을 쳐 보지 않고도 피해야 할 경우가 여섯 가지이다.

첫째, 상대의 토지는 광대하고 백성은 부유하며 무리가 많은 경우.

둘째, 윗사람이 아랫사람을 사랑하며 은혜의 베풂이 넓은 경우.

셋째, 상은 미더우며 형벌은 정확하여 이를 시행할 때는 반드시 그 때에 맞는 경우.

넷째, 공적에 따라 그 직위나 반열이 이루어지며 어진 이를 임용하고 능한 자를 부려 쓰는 경우.

다섯째, 군사의 무리가 많고 무기와 갑옷이 정량精良한 경우.

여섯째, 사방 이웃 나라의 도움이 있으며 큰 나라의 도움을 받고 있는 나라.

무릇 이상의 경우, 내가 그러한 상대와 같지 못할 경우라면 이를 피하되 의심할 여지도 없다.

이것이 소위 가하다고 여기면 나서고 어렵다고 알았다면 물러선다는 말이다."

吳子曰:「凡料敵, 有不卜而與之戰者八:

一曰: 疾風大寒, 早興寤遷, 剖冰濟水, 不憚艱難.

二曰: 盛夏炎熱, 晏興無閒, 行驅飢渴, 務於取遠.

三曰: 師旣淹久, 糧食無有, 百姓怨怒, 祅祥數起, 上不能止.

四曰: 軍資旣竭, 薪芻旣寡, 天多陰雨, 欲掠無所.

五曰: 徒衆不多, 水地不利, 人馬疾疫, 四鄰不至.

六曰: 道遠日暮, 士衆勞懼, 倦而未食, 解甲而息.

七曰: 將薄吏輕, 士卒不固, 三軍數驚, 師徒無助.

八曰: 陳而未定, 舍而未畢, 行阪涉險, 半隱半出.

諸如此者, 擊之勿疑.

有不占而避之者六:

一曰: 土地廣大, 人民富衆.

二曰: 上愛其下, 惠施流布.

三曰: 賞信刑察, 發必得時.

四曰: 陳功居列, 任賢使能.

五曰: 師徒之衆, 兵甲之精.

六曰: 四鄰之助, 大國之援.

凡此不如敵人, 避之勿疑.

所謂見可而進, 知難而退也.」

【不卜】너무나 명확하여 승패를 점칠 필요도 없음.

【早興寐遷】아주 이른 새벽에 일어나거나 한밤중에 마구 이동함.

【晏興無閒】해가 중천에 솟은 뒤에 출발하여 중간에 휴식이나 간극을 두지 않고 강행시킴. '晏'은 하루 중 해가 중천에 솟은 때를 말함. 《幼學瓊林》天文篇에 "日上已三竿, 乃云時晏"이라 함. '閒'은 '間'과 같음. 통용자.

【行驅飢渴】배고픔과 갈증에 시달리는데도 강제로 행진을 시킴.

【淹久】밖에서 오래도록 지치게 머무름.

【祅祥數起】길흉의 징조가 자주 일어남.

【將薄吏輕】장수와 관리가 경박함.

【三軍】周나라 때 一軍은 1만 2천 500명을 가리키며 天子(王)는 六軍을, 제후 중에 大國은 三軍을, 그 다음 정도는 二軍을, 소국은 一軍을 둘 수 있었음. 《周禮》夏官 司馬에 "凡制軍, 萬二千五百人爲軍. 王六軍, 大國三軍, 次國二軍, 小國一軍. 軍將皆命卿. 二千有五百人爲師, 師帥皆中大夫. 五百人爲旅, 旅帥皆下大夫. 百人爲卒, 卒長皆上士. 二十五人爲兩, 兩司馬皆中士. 五人爲伍, 伍皆有長"이라 함.

【行阪涉險】험악한 산길이나 거친 지형을 행군함.

진퇴를 정확히 살펴야 한다

　무후가 물었다.

　"적의 겉으로 드러난 현상을 관찰하여 그 안의 실정을 알아내고, 그들의 진출을 살펴 그들의 그침을 알아내어 승부를 판단하고자 합니다. 가히 들어 볼 수 있을까요?"

　오기가 대답하였다.

　"적들이 올 때의 모습이 탕탕하여 아무런 고려함이 없고, 깃발이 뒤섞여 어지러우며, 사람과 말이 자주 뒤를 돌아볼 경우, 이는 하나로써 열을 칠 수 있으니 틀림없이 그들로 하여금 어떤 조치도 취할 수 없게 할 수 있습니다.

　다음으로 저들이 제후들과 아직 그 어떤 회맹도 없고, 임금과 신하가 서로 화합하지도 못하며, 구학과 보루도 완성하지 못하였으며, 금법禁法이나 법령도 아직 시행하지 못하며, 삼군이 흉흉하여 전진하고자 하나 능히 그렇게 하지도 못하고, 물러서고자 하나 감히 물러서지도 못하고 있다면, 그의 반 정도 군사로 그 배를 쳐도 백 번 싸움에 위태로움이 없을 것입니다."

武侯問曰:「吾欲觀敵之外以知其內, 察其進以知其止, 以定勝負, 可得聞乎?」

起對曰:「敵人之來, 蕩蕩無慮, 旌旗煩亂, 人馬數顧, 一可擊十, 必使無措. 諸侯未會, 君臣未和, 溝壘未成, 禁令未施, 三軍匈匈, 欲前不能, 欲去不敢, 以半擊倍, 百戰不殆.」

【外·內】외는 외모. 겉으로 드러난 상황. 내는 내심. 속에 지닌 뜻.

【蕩蕩無慮】산만하고 기강이 없으며 경계와 수색을 소홀히 함.

【無措】어떻게 해야 할지를 모름. 《論語》子路篇에 "名不正, 則言不順; 言不順, 則事不成; 事不成, 則禮樂不興; 禮樂不興, 則刑罰不中; 刑罰不中, 則民無所措手足. 故君子名之必可言也, 言之必可行也. 君子於其言, 無所苟而已矣."라 함.

【溝壘】방어용 溝塹과 堡壘.

012(2-4)
쳐야 할 적을 정확히 선택하라

무후가 반드시 적을 쳐야 할 경우가 무엇인지를 물었다.

오기가 대답하였다.

"용병에는 모름지기 적의 허실을 잘 살펴 그들의 위기에 처했을 때 공격하여야 합니다.

적들이 먼 길을 거쳐 막 도착하여 행렬이 아직 정해지지 않은 상태라면 가히 공격해도 됩니다.

이미 밥은 먹었으나 아직 대비를 갖추지 않았을 때라면 쳐도 됩니다.

달아나 도망치고 있을 때는 쳐도 됩니다.

노역에 매달려 있을 때라면 쳐도 됩니다.

그들이 지형의 이로움을 차지하지 못하고 있다면 쳐도 됩니다.

시기를 잃고 전투의 기회를 놓쳤을 때는 쳐도 됩니다.

먼길을 건너온 후 아직 휴식을 취하지 못한 상태라면 쳐도 됩니다.

물을 건너면서 반쯤 건너고 있을 때라면 쳐도 됩니다.

험한 길이나 좁은 협곡을 지나고 있을 때는 쳐도 됩니다.

깃발이 어지럽게 흔들리고 있을 때는 쳐도 됩니다.

진을 치면서 자주 옮기고 있을 때는 쳐도 됩니다.

장수가 사졸로부터 떠나 있을 때면 쳐도 됩니다.

적이 마음 속에 공포를 느끼고 있을 때는 쳐도 됩니다.

무릇 이와 같은 경우에는 정예부태를 선발하여 돌격하고 군사를 나누어 뒤를 잇게 하여 급히 공격하면서 의심을 갖지 말아야 합니다."

武侯問敵必可擊之道.

起對曰:「用兵必須審敵虛實而趨其危:

敵人遠來新至, 行列未定, 可擊.

旣食未設備, 可擊.

奔走, 可擊.

勤勞, 可擊.

未得地利, 可擊.

失時不從. 可擊.

涉長道後行未息. 可擊.

涉水半渡. 可擊.

險道狹路, 可擊.

旌旗亂動, 可擊.

陳數移動, 可擊.

將離士卒, 可擊.

心怖, 可擊.

凡若此者, 選銳衝之, 分兵繼之, 急擊勿疑.」

【奔走】다투어 달아남. 대열이 혼란이 생김.

【心怖】마음에 공포심을 느낌.

3. 치병治兵

'치병治兵'은 군대를 실제로 어떻게 다스리는가의 문제이다. 오기는 병력이란 '무리가 많은 데 있지 아니하고 어떻게 관리하는가에 있다(不在衆, 以治爲勝)'라고 강조하였다. 따라서 군법은 엄명해야 하며 상벌은 믿음이 있어야 하며 병사를 애호하고 내부를 단결시켜야 한다고 하였다. 이렇게 된 뒤라야 그들을 투입하여 나서는 곳이면 천하에 누구도 그를 당해낼 수 없는(投之所往, 天下莫當) 전투력을 갖게 된다고 하였다.

그리고 군대를 다스리는 요체는 우선 경계를 우선으로 하며, 이는 끊임없는 군사 기초 훈련과 전비 행동 요령을 터득시켜 그 병사들로 하여금 무기 다루는 법과 각 작전과 전술에서 능히 그때마다 스스로 대처할 수 있도록 함이 중요하다고 주장하였다. 한편 장수는 과감하고 결단력이 있어야 하며 우유부단함은 패배의 지름길이라 하였다.

013(3-1)
용병에 앞서 먼저 해결해 두어야 할 조건들

무후가 물었다.

"용병의 방법에 무엇을 먼저 하여야 합니까?"

오기가 대답하였다.

"먼저 사경四輕과 이중二重, 일신一信을 명확히 하여야 합니다."

무후가 물었다.

"무엇을 말함입니까?"

오기가 말하였다.

"지형을 잘 선택하여 말이 가볍게 달릴 수 있도록 할 것, 그 말이 수레를 가볍게 끌 수 있도록 할 것, 수레가 사람을 가볍게 태울 수 있도록 할 것, 사람이 가볍게 전투를 할 수 있도록 할 것 등입니다. 지세의 험함과 편리함을 명확히 알고 나면 그 땅이 말을 가볍게 달리도록 할 것이며, 말에게 먹이를 때맞추어 먹이면 말이 그 수레를 가볍게 끌 것이며, 기름과 바퀴를 싸는 쇠붙이가 여유가 있으면 수레가 사람을 가볍게 태울 것이며, 무기 끝이 예리하고 갑옷이 견고하면 사람이 전투를 가볍게 치를 수 있을 것입니다.

그리고 나가 싸우면 중한 상을 내리고, 물러서면 중한 형벌이 있어야 하며, 이를 시행함에 믿음이 있어야 합니다. 살핌에 능히 이런 경지에 다다르는 것이 승리의 중요한 조건입니다."

武侯問曰:「用兵之道何先?」

起對曰:「先明四輕・二重・一信.」

曰:「何謂也?」

曰:「使地輕馬, 馬輕車, 車輕人, 人輕戰. 明知險易, 則地輕馬; 芻秣以時, 則馬輕車; 膏鐧有餘, 則車輕人; 鋒銳甲堅, 則人輕戰. 進有重賞, 退有重刑, 行之以信. 審能達此, 勝之主也.」

【四輕】 가볍게 느끼는 네 가지 조건들.

【芻秣】 말에게 먹이는 꼴. 말의 사료.

【膏鐧】 고는 수레바퀴를 잘 돌게 하는 윤활유. 간은 수레바퀴를 둘러싸는 쇠붙이.

【勝之主】 승리의 가장 중요한 조건.

다스림 자체가 승리일 뿐
군사가 많다고 유리한 것은 아니다

무후가 물었다.

"군대에서는 어떤 경우에 승리를 거둡니까?"

오기가 대답하였다.

"다스려짐이 승리지요."

무후가 다시 물었다.

"무리의 많고 적음에 있는 것이 아닙니까?"

오기가 대답하였다.

"만약 법령이 명확하지 않고 상벌이 미덥지 못하다면, 중지 명령을 내려도 그치지 아니하고 진격 명령을 내려도 나가지 않을 것이니, 비록 백만 군사라 해도 쓰임에 무슨 보탬이 되겠습니까? 소위 다스림이라고 하는 것은 평소에는 예가 있으며, 움직임에는 위엄이 있어 진격하면 당할 자가 없고, 물러서면 뒤쫓을 수가 없으며, 전진과 퇴각에 절도가 있어 좌우가 그 깃발 신호가 응하는 것이니, 비록 끊어졌다 해도 다시 진을 이루고 비록 흩어졌다 해도 다시 항오行伍를 이룰 것입니다. 안전하면 안전한 대로 함께 하고 위험하면 위험한 대로 함께할 것이니, 그 무리는 가히 합할지언정 분리되지는 않을 것이며, 가히 쓸 수 있으며 피폐하게 되지는 않을 것입니다. 그들을 투입하여 가는 곳이면 천하 어느 누구도 당해 내지 못할 것이니, 이를 일러 부자지병父子之兵이라 하는 것입니다."

武侯問曰:「兵何以爲勝?」

起對曰:「以治爲勝.」

又問曰:「不在衆乎?」

對曰:「若法令不明, 賞罰不信, 金之不止, 鼓之不進, 雖有百萬, 何益於用? 所謂治者, 居則有禮, 動則有威, 進不可當, 退不可追, 前却有節, 左右應麾, 雖絶成陳, 雖散成行. 與之安, 與之危, 其衆可合而不可離, 可用而不可疲, 投之所往, 天下莫當, 名曰父子之兵.」

【金之不止】金은 군의 신호 소리 중에 쇠붙이로 된 것으로 알림을 뜻함. 흔히 이 신호는 중지(퇴각) 명령에 사용된다 함.

【鼓之不進】작전이나 전투 중에 북소리는 진격 명령을 뜻함.《論語》先進篇에 "非吾徒也, 小子鳴鼓而攻之可也"라 함.

【居】평상시를 뜻함.

【前却】전진과 퇴각.

【雖絶成陳】군 부대 사이 서로 연락이 두절된다 해도 작은 단위로 우선 진을 만들어 조직을 확보함.

【雖散成行】서로 흩어진다 해도 다시 行伍를 이루어 조직을 갖춤을 뜻함.

【與之安, 與之危】〈三民本〉에는 "與之安危"라 하여 두 구절이 묶여 있음.

【父子之兵】부자가 함께 다니는 것처럼 서로 흩어지지 않는 조직의 군대라는 뜻.《西遊記》제81회에 "打虎還得親兄弟, 上陣須敎父子兵"이라 하였으며,《증광현문》에는 "一回相見一回老, 能得幾時爲弟兄? 打虎還要親兄弟, 出陣還要父子兵"이라 하였음.

행군 방법

오기가 말하였다.

"무릇 행군의 방법에는 진행과 중지의 절도를 범하는 경우가 없어야 하며, 음식도 때와 양에서 어긋남이 없도록 해야 하며, 사람과 말의 힘이 끊어지도록까지 하는 경우가 없어야 한다. 이 세 가지는 병사들이 그 상관의 명령을 임무대로 따르도록 하는 소이所以이다. 상관의 명령을 임무대로 맡아한다면 그 군대의 다스림은 이로부터 시작되는 것이다. 만약 전진과 중지가 절도에 맞지 않고, 음식이 적정하지 못하며 말이 피곤하고 사람이 싫증을 느끼고 있는데도 이를 풀어 숙영의 쉴 틈을 주지 않는다면, 이로써 상관의 명령을 맡아하지 못하게 하는 원인이 된다. 상관의 명령이 이미 먹혀들지 않는다면 평소에는 난이 일어날 것이요 전시라면 패배하고 말 것이다."

吳子曰:「凡行軍之道, 無犯進止之節, 無失飲食之適, 無絶人馬之力. 此三者, 所以任其上令. 任其上令, 則治之所由生也. 若進止不度, 飲食不適, 馬疲人倦而不解舍, 所以不任其上令, 上令旣廢, 以居則亂, 以戰則敗.」

【任】맡은 바 임무.
【所以】그렇도록 하는 까닭.
【解舍】宿營의 자리를 마련하여 휴식을 취함.
【居】戰時에 상대되는 말. 평상시.

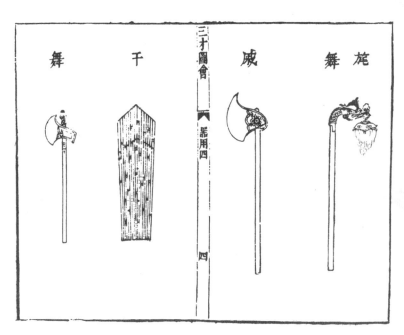

《三才圖會》에 실려 있는 고대 각종 전투 장비

016(3-4)
죽기를 각오하면 살아날 것이요
요행을 바라면 죽으리라

오기가 말하였다.

"무릇 전투 현장에서 곧바로 시신이 될 땅에서 반드시 죽으리라 여기면 살아날 것이요, 요행히 살리라 하면 죽고 만다. 지휘와 작전에 능한 장수라면 마치 물이 새어 들어오는 배 안에 앉아 있고, 곧 타서 무너질 집 안에 엎드려 있는 것과 같은 위급한 상황이라도 아무리 지혜로운 자도 모책을 따라오지 못하게 하며, 아무리 용감한 자라도 그의 화에 미치지 못하게 하여 적을 마주하면 헤쳐날 수 있다. 그러므로 용병의 해害 중에 유예猶豫가 가장 큰 것이요, 삼군의 재앙이란 호의狐疑에서 생겨난다고 말하는 것이다."

吳子曰:「凡兵戰之場, 立屍之地, 必死則生, 幸生則死. 其善將者, 如坐漏船之中, 伏燒屋之下, 使智者不及謀, 勇者不及怒, 受敵可也. 故曰: 用兵之害, 猶豫最大, 三軍之災, 生於狐疑.」

【立屍之地】곧 시신이 될 전쟁터를 말함.
【幸生】요행으로 살아남.
【受敵】적을 맞아 싸움. 迎戰과 같음.
【猶豫】머뭇거리며 결정을 못함. 雙聲連綿語.
【狐疑】여우는 의심이 많아 걷거나 서거나 주위를 의심하여 머뭇거림. 흔히 '猶豫'와 같은 뜻으로 쓰임.

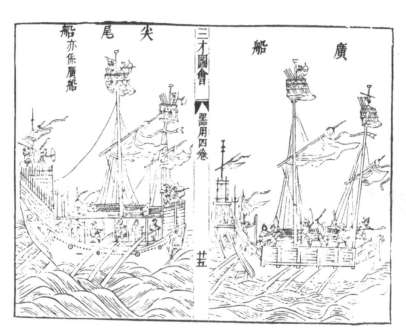

《三才圖會》에 실려 있는 고대 각종 전투 장비

017(3-5)
용병은 경계를 가르치는 것이 우선이다

오기가 말하였다.

"무릇 사람이란 항상 능하지 못한 바 때문에 죽음을 당하며, 그 불편不便 때문에 패배를 당한다. 그러므로 용병의 방법은 경계를 가르침을 우선으로 하여야 한다.

한 사람이 전투를 익히면 이로서 열 사람을 가르치게 하고, 열 사람이 전투를 배우면 백 사람이 그 가르침대로 하여야 하며, 백 사람이 전투를 배우면 이로써 천 사람을 가르쳐야 하며, 천 사람이 전투를 배우고 나면 이로써 만 사람이 가르침대로 이루어져야 하며, 만 사람이 전투를 배우고 나면 이로써 삼군이 가르침대로 이루어져야 한다.

가까운 것으로 먼 것을 기다려야 하며, 편안할 때는 노고로움을 기다려야 하며, 배부를 때는 배고픔을 기다려야 한다.

둥글되 모나게 해야 하며, 앉아 있되 이로써 선 것으로 하여야 하며, 행동하되 이를 그치는 것으로 여기며, 왼쪽에 힘쓰되 오른쪽으로 하는 것으로 여기며, 앞서되 이를 뒤서는 것으로 여기며 나누되 이를 합하는 것으로 여기며, 묶되 이를 푸는 것으로 여겨야 한다. 매번 변화를 모두 익혀 이를 병사에게 가르쳐 전수하여야 하니 이것을 일러 장사將事라 한다."

吳子曰:「夫人常死其所不能, 敗其所不便. 故用兵之法, 教戒爲先. 一人學戰, 教成十人; 十人學戰, 教成百人; 百人學戰, 教成千人; 千人學戰, 教成萬人; 萬人學戰, 教成三軍. 以近待遠, 以佚待勞, 以飽待飢. 圓而方之, 坐而起之, 行而止之, 左而右之, 前而後之, 分而合之, 結而解之. 每變皆習, 乃授其兵. 是謂將事.」

【不便】 충분히 익혀 놓지 않은 상태. 평소 훈련을 쌓아 놓지 않아 실제 전투가 벌어졌을 때 무기나 행동을 편하게 운용하지 못함을 뜻함.
【圓而方之】 대오나 행동을 둥글게 하는 법을 배운 다음, 이를 다시 모나게 할 수 있는 방법으로 응용함.
【將事】 장군이나 지도자가 해야 할 일. 그들의 업무, 직책.

군법의 중요성

오기가 말하였다.

"전투를 가르치는 명령은 키 작은 자는 모극矛戟을 쥐고 키 큰 자는 궁노弓弩를 소지하며, 힘이 센 자는 정기旌旗를 들고 용감한 자는 금고金鼓를 들며, 힘이 약한 자에게는 마구간과 말먹이는 일을 시키며, 지혜가 있는 자는 상관을 도와 모책을 짜도록 하는 것이다.

같은 향리鄕里 출신들을 함께 묶어 편성하고 열 명, 다섯 명씩 서로 보위하도록 편성한다. 한 번 북이 울리면 병기를 정리하고, 두 번 북이 울리면 진 치는 연습을 하며, 세 번 북이 울리면 신속히 달려가 식사를 한다. 그리고 네 번 북이 울리면 위엄있게 군장을 갖추며, 다섯 번 북이 울리면 행군에 나선다.

북소리를 들으며 소리를 맞추어 함께 고함 지른 연후에 깃발을 든다."

吳子曰:「敎戰之令, 短者持矛戟, 長者持弓弩, 强者持旌旗, 勇者持金鼓, 弱者給廝養, 智者爲謀主. 鄕里相比, 什伍相保. 一鼓整兵, 二鼓習陳, 三鼓趨食, 四鼓嚴辨, 五鼓就行. 聞鼓聲合, 然後擧旗.」

【短者】키나 몸체가 왜소한 병사.

【鄕里】고대 행정 단위의 구분에 5家를 하나의 隣, 25家를 里, 1만 2천5백 家를 鄕, 5백 家를 黨이라 하였음. 《論語》雍也篇 주에 "五家爲鄰, 二十五家爲里, 萬二千五百家爲鄕, 五百家爲黨. 言常祿不當辭, 有餘自可推之以周貧乏. 蓋鄰·里·鄕·黨有相周之義"라 함.

【什伍】군대나 마을에 10명을 하나의 단위로 그 우두머리를 什長, 5명을 단위로 할 경우 伍長이라 하였음.

【嚴辨】자신의 군장을 위엄 있게 갖춤. 혹은 장수가 최후로 사안을 판단하여 명령을 결정하는 것이라고도 함.

019(3-7)
삼군의 진퇴 요령

무후가 물었다.

"삼군의 진퇴에는 어떤 도가 있습니까?"

오기가 대답하였다.

"천조天竈에 진을 쳐서는 안 되며, 용두龍頭에도 진을 쳐서는 안 됩니다. 천조란 큰 골짜기의 입구를 말하며, 용두란 큰 산의 끝자락을 말합니다. 반드시 왼쪽은 청룡青龍, 오른쪽은 백호白虎, 앞은 주작朱雀, 뒤는 현무玄武의 지세여야 합니다. 초요招搖가 머리 위에 있고 군사들이 그 아래에 있어야 합니다. 장차 전투가 벌어졌을 때에는 바람이 불어오는 방향을 잘 살펴 바람에 순응하여 이를 따라야 합니다. 바람을 마주하였을 때는 진지를 견고히 하여 이를 기다려야 합니다."

武侯問曰:「三軍進止, 豈有道乎?」

起對曰:「無當天竈, 無當龍頭. 天竈者, 大谷之口; 龍頭者, 大山之端. 必左靑龍, 右白虎, 前朱雀, 後玄武. 招搖在上, 從事於下. 將戰之時, 審候風所從來, 風順致呼而從之, 風逆堅陳以待之.」

【天竈】 천연적으로 아궁이처럼 생긴 지형.

【龍頭】 용의 머리 모양을 한 지형. 산의 끝자락.

【靑龍】 동방을 상징함. 색으로는 청색. 五行으로는 木. 蒼龍과 같음.《三輔黃圖》에 "蒼龍, 白虎, 朱雀, 玄武, 天之四靈, 以正四方"이라 함.

【白虎】 서방을 상징함. 색은 흰색. 오행은 金.

【朱雀】 남방을 대표함. 색은 검은색. 오행으로는 火.

【玄武】 북방을 대표함. 색은 검은색. 오행으로는 水. 이상 네 가지 靈은 흔히 "左靑龍, 右白虎, 前朱雀, 後玄武"라 하여 대열을 정한다 함. 여기서는 그 임무를 맡은 부대나 그 깃발을 뜻함.

【招搖】 북두칠성 중의 일곱째 별의 방향. 북극성은 자리를 지켜 움직이지 않으므로, 칠성의 일곱째 별의 방향으로 방위를 알아내어 대비해야 함을 말한 것임.

【從事】 그 일을 좇아 실행하는 군사를 말함.

【審候】 기후나 바람 등을 관측하여 잘 헤아림.

020(3-8)
필마를 보양하는 방법

무후가 물었다.

"무릇 사졸이 사용할 말을 기르는 방법으로는 어떤 것이 있습니까?"

오기가 대답하였다.

"무릇 말이란 반드시 그 처소를 편안히 해 주어야 하며, 그 물과 풀을 때와 양에 따라 맞추어 주어야 하며, 그 주림과 배부름을 조절해 주어야 합니다. 겨울에는 마구간을 따뜻이 해 주어야 하고, 여름에는 그 마구간을 시원하게 해 주어야 합니다. 그 털과 갈기를 깎아 다듬어 주어야 하며, 그 네 발굽을 잘 딛도록 해 주어야 하며, 그 눈과 귀를 잘 막아 주어 놀라는 일이 없도록 해 주어 내달리고 쫓고 하는 일에 익숙하여 그 진퇴를 편하게 해 주어야 하며, 사람과 말이 서로 친하도록 한 연후에야 가히 부릴 수 있는 것입니다.

수레나 기마의 도구인 안장·멍에·재갈·고삐는 반드시 완전하고 견고한 것이어야 합니다.

무릇 말은 묶여 있어 장비를 갖출 끝 무렵에는 상처를 입지 않으며 행동을 시작할 때 상처를 입습니다. 그리고 배고플 때는 상처를 입지 않으며 반드시 배부를 때 상처를 입습니다. 날은 저물고 길은 멀 때는 자주 타고 내려 차라리 사람이 피로할지언정 삼가 말이 피로하게 해서는 안 됩니다. 항상 말에게 여유가 있도록 하여 적이 나를 엎어 버릴 경우에 대비해야 합니다. 능히 이러한 경우에 명확히 하는 자라면 천하를 마음대로 휘젓고 다닐 수 있습니다."

武侯問曰:「凡畜卒騎, 豈有方乎?」

起對曰:「夫馬, 必安其處所, 適其水草, 節其飢飽. 冬則溫廐, 夏則涼廡. 刻剔毛鬣, 謹落四下, 戢其耳目, 無令驚駭, 習其馳逐, 閑其進止, 人馬相親, 然後可使. 車騎之具, 鞍·勒·銜·轡, 必令完堅. 凡馬不傷於末, 必傷於始; 不傷於飢, 必傷於飽. 日暮道遠, 必數上下, 寧勞於人, 愼無勞馬, 常令有餘, 備敵覆我. 能明此者, 橫行天下.」

【溫廐】 겨울철 마구간을 따뜻하게 해 줌.

【刻剔毛鬣】 털과 갈기(鬣)를 깎고 다듬어 빗질함. 말을 잘 관리함을 뜻함.

【謹落四下】 말굽을 잘 살펴 다듬고 갈아 줌.

【戢其耳目】 그 눈과 귀를 막아 새로운 상황에 당황하거나 놀라지 않도록 함.

【閑其進止】 말이 진퇴에 익숙하여 갑작스러움을 느끼지 않음.

【傷於末】 묶인 채로 장비를 모두 갖춘 끝 무렵까지는 말이 상처를 입지 않음.

【覆我】 나에게 습격해 와서 나와 말을 쓰러뜨림.

【橫行】 마구 휘젓고 다님. 아무런 거리낌이 없이 행동함.

4. 논장論將

　‘논장論將’은 장수로서 갖추어야 할 능력과 직책, 그리고 임무를
논한 글이다. 그리고 아울러 적군의 장수를 판단하는 여러 가지
기준도 제시하고 있다.

　우선 장수라면 문무를 총괄하고 강유를 겸비하여(總文武, 兼剛柔)
이리・비비・과과・계계・약약의 다섯 가지 소질을 갖추고 있어야
하며 작전과 지휘에는 기氣・지地・사事・역力의 사기四機를 파악할
수 있어야 한다고 하였다.

　그리고 ‘명령을 내리며 감히 범하는 부하가 없도록 하며 그가
있는 곳이면 감히 대적할 적이 없도록 함(施令而下不敢犯, 所在而寇不
敢敵)’의 경지도 설명하고 있다. 그는 상대를 제압하는 방법으로
먼저 적의 장수에 대한 지智・우愚・탐貪・교驕・의疑 등 유형을 파악
하여 그에 맞게 모책을 짜고 대처하여야 승리를 거둘 수 있음을
주장하기도 하였다.

021(4-1)
장수는, 문무文武를, 사병은 강유剛柔를

오기가 말하였다.

"무릇 문무를 겸비한 자가 군의 장수이며, 강유剛柔를 겸비한 자가 군사의 일을 해 낼 수 있다. 평범한 사람이 장수를 논함에는 늘 눈앞에 보이는 용맹만을 보고 있으나 용맹이란 장수에게 있어서 몇 분의 일에 불과할 뿐이다. 무릇 용맹만으로는 틀림없이 경홀히 적과 맞서려 할 뿐이다. 경홀히 적과 맞서면서 그 이익을 모른다면 이는 아직 옳은 것이 아니다. 그러므로 장수로서 삼가야 할 것이 다섯 가지이니, 첫째는 이理이며, 둘째는 비備, 셋째는 과果, 넷째는 계戒, 다섯째는 약約이다."

이理란 많은 무리를 다스리되 적은 몇 사람을 다스리듯 하는 것이며, 비備란 문을 나서면 적을 만난 듯이 대비함이요, 과果란 적을 대하면 살겠다는 생각을 품지 않는 것이며, 계戒란 비록 이겼더라도 처음 전투를 하는 듯이 여기는 것이며, 약約이란 법령을 줄여 번거롭지 않게 함이다.

명을 받아 사양하지 않으면서 적이 깨어진 이후에 되돌아오겠다고 말하는 것이 장수로서의 예禮이다. 그러므로 군대를 출발시키는 날에는 죽음의 영광이 있을 뿐 살아오는 치욕이란 없는 것이다."

吳子曰:「夫總文武者, 軍之將也; 兼剛柔者, 兵之事也. 凡人論將, 常觀於勇, 勇之於將, 乃數分之一爾. 夫勇者必輕合, 輕合而不知利, 未可也.

故將之所愼者五: 一曰理, 二曰備, 三曰果, 四曰戒, 五曰約.

理者, 治衆如治寡; 備者, 出門如見敵; 果者, 臨敵不懷生; 戒者, 雖克如始戰; 約者, 法令省而不煩.

受命而不辭, 敵破而後言返, 將之禮也. 故師出之日, 有死之榮, 無生之辱.」

【輕合】 적을 가볍게 여겨 경솔하게 대들어 전투를 벌임. 무모한 용기만 있음을 말함.

【不知利】 상황의 이로움에 대하여 알지 못함.

【克】 이김. 승리함.

전쟁에는 네 가지 기틀이 있다

오기가 말하였다.

"무릇 전쟁에는 네 가지 기틀(機)이 있다. 첫째 기기氣機, 둘째 지기地機, 셋째 사기事機, 넷째 역기力機이다."

삼군의 무리에 백만의 군사가 모두 그 경중을 마련하고 펼쳐져 놓았으며, 이것이 장군 한 사람이 통괄할 수 있도록 되어 있는 것, 이것이 '기기'이다.

다음으로 길은 좁고 도로는 험한데 이름난 산과 큰 요새가 있어 열 명의 장부만 지키더라도 천 명의 적이 통과할 수 없는 위치를 확보한 것, 이것이 '지기'이다.

그리고 간자를 잘 활용하고 쉽게 활동이 가능한 소부대를 왕래시켜 적을 분산시킬 수 있으며, 적의 임금과 신하를 서로 원망하게 만들고, 상하가 서로를 탓하도록 만드는 것, 이것이 '사기'이다.

끝으로 싸움에 쓰는 수레가 견고하고 다루기 쉽도록 되어 있으며 배와 노가 잘 구비되어 활용하기 쉽도록 되어 있고, 병사들이 전투와 진지 구축에 익숙하며, 말도 달리고 쫓는 데 훈련이 잘 되어 있는 것, 이것이 '역기'이다.

이 네 가지를 아는 자라야 이에 장수가 될 수 있다. 그러나 장수의 위엄·품덕·인애·용감은 모두가 부하를 통솔하여 안정되게 하고, 적을 위협하여 어려울 것이라는 의심을 없애는 것이니, 이렇게 되면 명령을 내리면 아랫사람이 어기는 일이 없고, 그들이 있는 곳이면 적들과 감히 대적하지 못한다. 나라의 강함을 이루어 내고 나라가 망할 일을 제거하여 없애는 것, 이를 일러 양장良將이라 한다."

吳子曰:「凡兵有四機: 一曰氣機, 二曰地機, 三曰事機, 四曰力機.

三軍之衆, 百萬之師, 張設輕重. 在於一人, 是謂氣機.

路狹道險, 名山大塞, 十夫所守, 千夫不過, 是謂地機.

善行間諜, 輕兵往來, 分散其衆, 使其君臣相怨, 上下相咎, 是謂事機.

車堅管轄, 舟利櫓楫, 士習戰陳, 馬閑馳逐, 是謂力機.

知此四者, 乃可爲將. 然其威·德·仁·勇, 必足以率下安衆, 怖敵決疑. 施令而下不犯, 所在寇不敢敵. 得之國强, 去之國亡. 是謂良將.」

【機】 원래 機의 뜻은 활을 쏠 때의 살을 놓는 기회나 순간 포착을 뜻함. 이 뜻이 전의되어 기회, 기틀, 시기, 機要, 機宜 등의 뜻이 됨.

【相咎】 서로 상대에게 허물을 뒤집어씌움. 피차 증오심을 품고 있음.

【管轄】 원래 수레 바퀴에 설치한 制御 器具. 여기서는 수레가 잘 정비되어 싸우고 이동하기에 완전하도록 갖추어 놓음을 뜻함.

【櫓楫】 원래 배 젓는 삿대. 여기서는 일체의 水戰 도구를 뜻함.

【閑】 아주 익숙하도록 훈련을 해 둠을 말함.

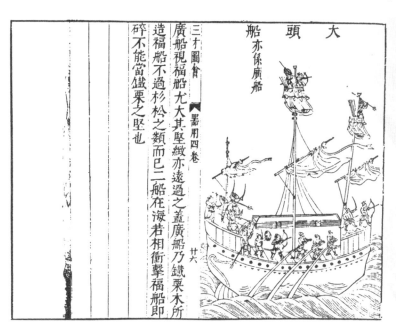

大
頭
船亦係廣船

三才圖會 器用四卷 廿六

廣船視福船尤大其堅緻亦遠過之蓋廣船乃鐵栗木所
造福船不過杉松之類而巳二船在海若相衝擊福船即
碎不能當鐵栗之堅也

《三才圖會》에 실려 있는 고대 각종 전투 장비

023(4-3)
귀, 눈, 마음의 삼위일체

오기가 말하였다.

"작은북·큰북·징·쇠방울은 청각으로 사병을 지휘하는 기구이며, 정기旌旗와 휘치麾幟는 시각을 통해 사병을 지휘하는 것이요, 금령禁令과 형벌은 심리를 이용하여 병사를 지휘하는 것이다.

귀는 소리를 통해 지휘를 전달받는다. 그러므로 금고의 소리는 뚜렷하게 들려 주어야 한다. 눈은 색깔을 통해 지휘를 전달받는다. 그러므로 깃발의 색깔은 선명해야 한다. 병사의 마음은 형벌을 통해 제약을 받는다. 그러므로 형벌은 엄격하지 않으면 안 된다.

이 세 가지가 확립되어 있지 아니하면 비록 그 나라가 있다 해도 틀림없이 적에게 패배하고 말 것이다. 그러므로 장군의 지휘에 대하여 사병은 이를 따르지 않으면 안 되고, 장군의 지시에 대하여 죽더라도 앞서 나서지 않으면 안 된다라고 말하는 것이다."

吳子曰:「夫鼙鼓金鐸, 所以威耳; 旌旗麾幟, 所以威目; 禁令刑罰, 所以威心. 耳威於聲, 不可不清; 目威於色, 不可不明; 心威於刑, 不可不嚴. 三者不立, 雖有其國, 必敗於敵. 故曰: 將之所麾, 莫不從移; 將之所指, 莫不前死.」

【鼙】고대 전쟁의 신호용으로 쓰는 작은 북.《周禮》夏官 大司馬에 "中軍以鼙令鼓, 鼓人皆三鼓"라 함.

【鐸】역시 전쟁이나 평상시 신호용으로 쓰는 쇠방울. 고대 전쟁과 작전용으로는 흔히 鼙·鼓·金·鐸을 사용하였다 함.

【麾】원래 지휘용의 깃발.《穀梁傳》莊公 25년에 "置五麾, 陳五兵五鼓"라 하였으며 范寧의 주에 "麾, 旌幡也"라 함. 한편 동사로 '揮'와 같음 뜻으로도 씀.

【淸】말소리가 정확하고 명확함을 뜻함.

【三者】聲之淸, 色之明, 刑之嚴을 말함.

【從移】그 지휘에 따라 움직임.

【前死】용감하게 앞서 나가 죽음.

장군은 지혜를, 싸움에는 형세를

오기가 말하였다.

"무릇 작전의 중요한 원칙은 반드시 먼저 그 장수의 능력을 점검하고 그 재능을 살펴야 한다. 적의 구체적인 상황과 환경에 따라 저울질하면 많은 힘을 들이지 않고도 공을 거둘 수 있다.

상대의 장수가 어리석으면서 남을 잘 믿으면 속임수를 써서 유인할 수 있으며, 탐욕이 많고 명예를 가벼이 여긴다면 재물로써 이를 유혹할 수 있으며, 변화를 가벼이 여기고 모책이 없는 장수라면 그를 힘들게 하여 곤핍함에 빠뜨릴 수 있다. 그리고 상대의 상관이 부유하면서 교만에 차 있고 그 사졸은 가난하여 이를 원망하고 있다면 이는 그들을 이간시킬 수 있으며, 적의 장수가 전진과 후퇴에 느리고 결정을 못하여 병사들이 의지할 곳이 없는 경우라면, 위세로써 그들을 패주시킬 수 있다. 또 병사들이 그 장수를 우습게 보고 오직 고향으로 돌아갈 생각에 쉬운 지형을 막고 험한 곳은 열어 두었다면, 이들은 가는 길을 맞아 항복시켜 거두어들일 수 있다. 그런가 하면 적이 전진하는 길이 평탄하고 그들이 후퇴할 길이 험한 곳이라면 이들을 유인하여 앞으로 나오도록 할 수 있으며, 진로가 험하고 퇴로가 쉬운 곳의 적이라면 가까이 압박하여 칠 수 있다. 적이 낮고 습한 지역에 주둔하여 물도 빠져 나갈 수 없고 장마가 잦은 경우라면 물을 터서 침몰시킬 수 있다. 그리고 거친 황무지나 소택沼澤에 주둔하여 풀과 가시덤불이 뒤엉켰으며 바람이 심하게 자주 불어오는 곳에 있다면 불로 태워 멸할 수 있으며, 한 곳에 너무 오래 주둔하여 이동하지 않아 장수와 사병이 게으르고 태만하며 그 군대가 대비를 하지 않고 있는 경우라면 몰래 잠입하여 습격할 수 있다."

吳子曰：「凡戰之要, 必先占其將而察其才, 因形用權, 則不勞而功舉.
 其將愚而信人, 可詐而誘; 貪而忽名, 可貨而賂; 輕變無謀, 可勞
而困; 上富而驕, 下貧而怨, 可離而間; 進退多疑, 其眾無依, 可震而走;
士輕其將而有歸志, 塞易開險, 可邀而取; 進道易, 退道難, 可來而前;
進道險, 退道易, 可薄而擊; 居軍下濕, 水無所通, 霖雨數至, 可灌而沈;
居軍荒澤, 草楚幽穢, 風飈數至, 可焚而滅; 停久不移, 將士懈怠, 其軍
不備, 可潛而襲.」

【占】상대 장수의 능력이나 상황, 병력 등을 점검함. 점은 여러 가지 방법으로
　따져 봄을 뜻함.
【可離而間】상대를 분리시켜 간극을 만듦. 이간시킴.
【塞易開險】자신들이 쉽게 빠져 나갈 곳을 막고 험한 길은 수비하지 아니하고
　열어 두고 있음.
【薄】迫과 같음. 상대에게 접근하여 압박함.
【草楚幽穢】풀과 가시덤불이 뒤엉킨 지형.

福船

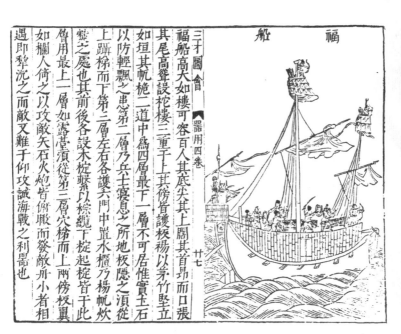

福船高大如樓可容百人其底尖其上闊其首昂而口張
其尾高聳設柁樓三重于上其傍皆護板檝以茅竹堅立
如垣其帆檣二道中爲四層最下一層不可居惟實土石
以防輕飄之患第二層乃兵士寢息之所地板隱之滇炊
上躋梯而下第三層左右各設六門中置水櫃乃楊帆炊
爨之處也其前後各設木椗繫以椶纜下椗起椗皆于此
曾用最上一層如露臺穴梯而上兩傍板翼
如欄人倚之以攻敵矢石火炮皆俯瞰而發敵舟小者相
遇即犂沉之而敵又難于仰攻誠海戰之利器也

廿七

《三才圖會》에 실려 있는 고대 각종 전투 장비

025(4-5)
적장의 관상을 보는 법

무후가 물었다.

"두 군대가 서로 마주 보고 있으나 그 상대의 장수는 알 수 없어, 내가 그 관상을 보고자 하면 그 방법이 어떤 것이 있습니까?"

오기가 대답하였다.

"지위는 낮으나 용감한 자에게 명하여 가벼운 정예부대를 거느리고 이를 먼저 시험하게 합니다. 그 다음에 그들은 그저 달아나는 데만 힘쓰게 하며 승리에는 힘쓰지 않도록 합니다. 적이 오는 것을 관찰하여 한 번은 물러서 멈추었다가 다시 한 번은 일어나 전진하는 것입니다. 그 지휘는 조리가 있어야 하며 그들을 쫓을 때는 거짓으로 미처 따라가지 못하는 듯이 하며 이익을 보면 미처 알지 못하고 있는 듯이 거짓 행동을 합니다. 이렇게 할 수 있는 장수를 이름하여 지장智將이라 하며, 절대 상대와 전투를 벌이지 말도록 합니다. 만약 그 무리가 시끄럽게 떠들고 깃발이 뒤섞여 혼란스러우며 그 병졸들이 제멋대로 가기도 하고 멈추기도 하며 그 병사들이 따르기도 하고 거역하기도 하는데, 이들이 패배하여 달아날 때 이를 쫓아도 두려워 미치지 못하거나 승리를 보고도 두려워 덤비지 못한다면 이를 일러 우장愚將이라 하니, 비록 많은 무리를 거느리고 있다 해도 상대를 잡을 수 없습니다."

武侯問曰:「兩軍相望, 不知其將, 我欲相之, 其術如何?」

起對曰:「令賤而勇者, 將輕銳以嘗之, 務於北, 無務於得. 觀敵之來, 一坐一起, 其政以理, 其追北佯爲不及, 其見利佯爲不知, 如此將者, 名爲智將, 勿與戰矣. 若其衆讙譁, 旌旗煩亂, 其卒自行自止, 其兵或縱或橫, 其追北恐不及, 見利恐不得, 此爲愚將, 雖衆可獲.」

【相】 관상이나 상황을 보아 미리 판단함.
【賤】 지위가 낮음을 뜻함.
【嘗之】 일단 전투를 벌여 이를 시험해 봄.
【坐·起】 坐는 정지하여 앉음. 起는 일어서 다시 전진함.
【讙譁】 시끄럽게 떠듦. 기율이 없음을 뜻함. 雙聲連綿語임.
【縱·橫】 縱은 從과 같음. 명령을 따름. 橫은 명령에 따르지 않음. 혹은 가로로 세로로 제멋대로 대열을 흩어 질서가 없음을 말함.

오
자

5. 응변應變

　'응변應變'은 변화무쌍한 작전의 여러 가지 상황에 어떻게 대응할 것인가의 문제이다. 병법에는 고정된 법칙이란 없으므로 발생할 수 있는 모든 상황·적의 동태·날씨·지형 등과 형세를 살펴 전법을 다양화해야 하며, 그에 따라 영활靈活한 방법으로 대처해야 함을 말한 것이다. 그리로 실전으로써 곡전谷戰·수전水戰·차전車戰 등을 예로 들어 적의 강약·중가·진퇴에 따라 국면을 전환하고, 변화를 주동적으로 장악하며 전세와 환경을 아군에서 조성하는 방법을 설명하고 있다.

026(5-1)
강적을 약적으로 변화시켜 놓고 싸워라

무후가 물었다.

"수레도 견고하고 말도 훌륭하며 장수는 용감하고 병사는 강하나, 갑자기 적을 만나 혼란이 일어 어찌할 바를 모른다면 이 때는 어찌해야 합니까?"

오기가 대답하였다.

"무릇 작전의 방법으로는 밝은 대낮에는 정기旌旗와 번휘旛麾로써 절도를 삼으며, 밤에는 금고金鼓와 가적笳笛으로 신호를 발하는 것입니다. 깃발을 왼쪽으로 하면 왼쪽으로 움직이고, 깃발을 오른쪽으로 하면 오른쪽으로 움직입니다. 북으로 신호를 하면 전진하고, 쇳소리로 신호를 내면 정지하며, 한 번 불면 행진하고 두 번 불면 모입니다. 이러한 명령에 따르지 않는 자는 주살하여 삼군이 모두 그 위세에 복종하여 사졸이 목숨을 바칠 각오가 되어 있으면 전투를 해도 그를 당할 강적이 없게 되고, 공격을 하면 당해 낼 굳센 진지란 없게 되는 것입니다."

武侯問曰:「車堅馬良, 將勇兵强, 卒遇敵人, 亂而失行, 則如之何?」

起對曰:「凡戰之法, 晝以旌旗旛麾爲節, 夜以金鼓笳笛爲節. 麾左而左, 麾右而右; 鼓之則進, 金之則止; 一吹而行, 再吹而聚. 不從令者誅, 三軍服威, 士卒用命, 則戰無强敵, 攻無堅陳矣.」

【亂而失行】혼란이 일어나 行伍를 잃음.

【旌旗旛麾】부대의 표지나 명령 등을 위한 일체의 깃발. 낮에 눈으로 보고 따르게 하는 것.

【金鼓笳笛】금은 쇠붙이로 된 악기. 고는 북. 여기서는 군대에게 신호용으로 보내는 일체의 음성용 도구를 뜻함. 밤에 귀로 듣고 따르게 하는 것.

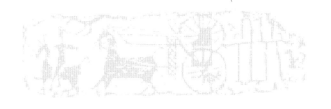

어려울수록 쉬운 것부터

무후가 물었다.

"만약 적은 무리가 많고 아군은 수가 적다면 어찌해야 합니까?"

오기가 대답하였다.

"평탄한 지형에서는 적을 피하고, 험한 지형에서는 이를 맞아 쳐야 합니다. 그러므로 하나로써 열을 칠 수 있는 경우란 액지阨地 만한 것이 없고, 열 명이 백 명을 칠 수 있는 곳으로 험지險地 만한 것이 없으며, 천 명이 만 명을 칠 수 있는 곳으로 조지阻地만한 곳이 없다라 한 것입니다. 지금 적은 수의 병졸로 갑작스럽게 출격하면서 좁은 길에서 금고를 치고 울린다면 적은 비록 많은 무리라 할지라도 놀라 동요하지 않을 수 없습니다. 그러므로 무리가 많은 경우에는 평탄한 곳에서 작전하기에 힘쓰고, 적은 무리로 작전할 때는 막힌 곳을 차지하기에 힘쓰라 한 것입니다."

武侯問曰:「若敵衆我寡, 爲之奈何?」

起對曰:「避之於易, 邀之於阨. 故曰: 以一擊十, 莫善於阨; 以十擊百, 莫善於險; 以千擊萬, 莫善於阻. 今有少卒卒起, 擊金鳴鼓於阨路, 雖有大衆, 莫不驚動. 故曰: 用衆者務易, 用少者務隘.」

【易】평탄한 지형.
【阨】아군이 오는 적을 맞아 치기에 편한 험한 지형.
【阻】물이 막혀 통할 수 없는 지형을 뜻함.《周禮》夏官 司險에 "以周知其山林 川澤之阻"라 함.
【隘】꽉 막히거나 협소한 지형.

028(5-3)
강한 자를 상대하는 법

무후가 물었다.

"적의 군사도 심히 많고 이미 무력과 용감함도 모두 갖추었으며, 큰 조지阻地와 험지險地를 등지고 오른쪽은 산, 왼쪽은 물이며 게다가 방어용溝壘은 깊고 보루는 높으며, 강한 궁노弓弩로 수비하고 있어 물러설 때는 산과 같이 안전하고, 전진해 올 때는 비바람처럼 신속하며, 식량도 충족하여 그들과 장기간을 두고 맞서 수비하기가 어려운 경우라면 어떻게 하면 되겠습니까?"

오기가 대답하였다.

"대단하십니다, 그 질문이시여! 이는 전차나 기마병의 힘으로 될 수 있는 것이 아니며, 성인聖人의 모책이어야 합니다. 능히 수레 천량과 기병 일만에 도보徒步의 병사까지 갖추어 이들을 오군五軍으로 나누어, 각 군마다 하나의 길을 맡도록 하면 적은 틀림없이 의혹을 가지고 어느 쪽에 병력을 더 보태야 할 지를 모를 것입니다. 그러면서 적들이 만약 견고히 수비하면서 자신들의 병력을 공고히 하고 있다면 급히 간자를 풀어 그들이 염려하는 바를 살피는 것입니다. 그들이 우리의 설득을 들어 주면 이를 풀고 떠나도록 하면 될 것이며, 그들이 우리 말을 들어 주지 않고 우리가 보낸 사신을 참수해 버리고 편지를 불태워 버린다면, 다섯 길로 나눈 병사들에게 다섯 번 싸워 이기더라도 추격하지 말도록 하며, 만약 이기지 못하면 급히 귀환하도록 하면 됩니다. 이렇게 거짓으로 패배하여 물러서되 안전하게 행진하면서 한편으로는 급하게 전투를 벌이고, 나머지 네 군대 중에 하나의 군대는 적을 견제하고 하나는 뒤에서 적의 퇴로를 끊으며 나머지 두 군대는 전혀 소리를 내지 않도록 하여, 혹은 좌측에서 혹은 우측에서 그들이 있는 곳을 습격하는 것입니다. 이 다섯 부대가 함께 차례로 도달하는 곳은 틀림없이 승리의 결승점일 것입니다. 이것이 강한 자를 격퇴하는 방법입니다."

武侯問曰:「有師甚衆, 旣武且勇, 背大阻險, 右山左水; 深溝高壘, 守以强弩, 退如山移, 進如風雨, 糧食又多, 難與長守, 則如之何?」

起對曰:「大哉問乎! 此非車騎之力, 聖人之謀也. 能備千乘萬騎, 兼之徒步, 分爲五軍, 各軍一衢, 夫五軍五衢, 敵人必惑, 莫知所加. 敵若堅守以固其兵, 急行間諜以觀其慮. 彼聽吾說, 解之而去; 不聽 吾說, 斬使焚書, 分爲五戰, 戰勝勿追, 不勝疾歸. 如是佯北, 安行疾鬪, 一結其前, 一絶其後, 兩軍銜枚, 或左或右, 而襲其處. 五軍交至, 必有 其利, 此擊强之道也.」

【退如山移】물러날 때는 마치 산처럼 안정감이 있고 위용이 있음.
【斬使焚書】상대가 보낸 사신을 목을 치고 그가 가지고 온 문서를 불태워 버림.
【五戰】5대 단위 부대의 전투. 각기 그 임무를 달리하여 전투를 수행함.
【衢】길, 병사들이 전진해야 할 길. 도로.
【一結其前】하나의 부대는 적의 앞길을 묶어 전진을 저지함.
【銜枚】입에 무는 막대. 이는 고대 습격할 때 어떤 소리도 내지 않도록 하기 위한 것임. 양쪽 끝에 줄을 매어 이를 목에 걸도록 되어 있었음.
【交至】차례대로 하나의 목적지에 도달함.

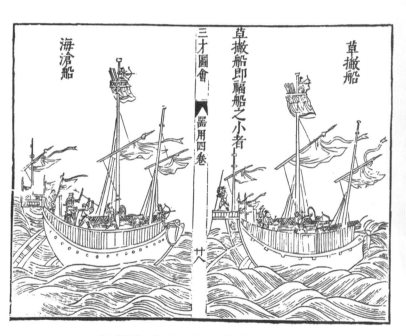

《三才圖會》에 실려 있는 고대 각종 전투 장비

029(5-4)
약한 자를 상대하는 법

무후가 물었다.

"적이 가까이하여 아군과 서로 맞붙었을 때 물러서고자 하나, 길이 없어 우리 무리가 심히 겁을 먹고 있을 경우 어떻게 해야 합니까?"

오기가 대답하였다.

"이에 대처하는 방법은 아군을 무리가 많고, 적은 적은 수일 경우 몇 개의 길로 나누어 그들을 공격하면 됩니다. 그리고 적은 많고, 아군은 적을 때는 병력을 집중시켜 적을 공격해야 합니다. 이렇게 하여 중간에 쉬지 않고 여러 방법으로 공격을 계속하면 비록 많은 수의 적이라 할지라도 결국 굴복시킬 있을 것입니다."

武侯問曰:「敵近而薄我, 欲去無路, 我衆甚懼, 爲之奈何?」
起對曰:「爲此之術, 若我衆彼寡, 分而乘之; 彼衆我寡, 以方從之. 從之無息, 雖衆可服.」

【薄】迫, 搏과 같음. 同音通假로 쓴 것임. 肉薄戰. 서로 맞붙어 작은 무기로 맞서 몸을 부딪치며 싸움.
【從之無息】전술의 응용 방법이 무궁하여 끝이 없음.

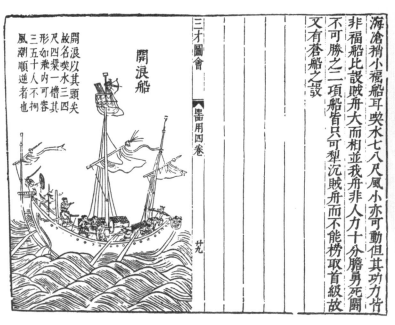

開浪船

海滄稍小福船耳喫水七八尺風小亦可動但其功力皆
非福船比設賊舟大而相並我舟非人力十分膽勇死鬭
不可勝之一項船省只可犁沉賊舟而不能捞取首級故
又有蒼船之設

三才圖會

器用四卷

开浪以其
頭尖
故名喫水三四尺
形如飛槳內可容其
中三五十人不拘
風潮順逆者也

《三才圖會》에 실려 있는 고대 각종 전투 장비

030(5-5)
특수 지형에서의 작전

무후가 물었다.

"만약 적을 계곡의 중간에서 만났는데 양쪽 곁은 험하고 막혔으며, 상대는 많고 우리는 수가 적을 때 어떻게 해야 합니까?"

오기가 대답하였다.

"구릉이나 수풀 골짜기, 깊은 산, 큰 못을 만났을 때는 신속히 행진하여 얼른 벗어나야 하며 조금도 지체해서는 안 됩니다. 만약 높은 산, 깊은 골짜기에서 갑작스럽게 적을 마주쳤다면 반드시 먼저 북소리와 함성을 크게 낸 다음, 이를 틈타 궁수와 노수를 진격하게 하고 한편으로는 활을 쏘면서 한편으로는 적을 포로로 잡아야 합니다. 그리고 적의 상태를 잘 살핀 다음 적이 혼란이 일어났다면, 이를 공격하되 아무런 망설임이 없어야 합니다."

武侯問曰:「若遇敵於谿谷之間, 傍多險阻, 彼衆我寡, 爲之奈何?」

起對曰:「諸丘陵·林谷·深山·大澤, 疾行亟去, 勿得從容. 若高山深谷, 卒然相遇, 必先鼓譟而乘之, 進弓與弩, 且射且虜. 審察其政, 亂則擊之勿疑.」

【疾行亟去】빠른 행동으로 급히 빠져 나옴.

【從容】조용함. 여기서는 '지체하다'의 뜻. 疊韻連綿語임.

【鼓譟】북소리와 함성을 크게 내며 진격함.

【疑】의심을 가짐. 여기서는 '의심하면서 망설이다'의 뜻.

031(5-6)
골짜기에서의 작전

무후가 물었다.

"좌우는 높은 산이요 땅은 심히 좁고 급박한데, 갑자기 적을 만나 이를 치고자 하나 감히 그렇게 할 수 없고, 퇴각하고자 하나 그럴 수도 없다면 이 때는 어떻게 해야 합니까?"

오기가 대답하였다.

"이를 일러 곡전谷戰이라 하는 것으로, 비록 우리 군사가 많다 해도 작전을 펴서는 안 됩니다. 우리의 능력 있는 사졸을 모아 적과 같은 수로 군장을 가볍게 한 정예부대를 선봉대로 삼고, 수레와 기마는 나누어 사방에 숨겨놓되 서로의 거리가 몇 리里 정도 되게 하며, 그들이 적의 눈에 띄지 않도록 합니다. 이렇게 되면 적은 틀림없이 진지를 굳게 지키기만 할 뿐 진퇴를 감히 결정하지 못할 것입니다. 이에 깃발을 세워 열을 지은 다음 출행하여 산을 벗어나 군영을 설치하면 적은 틀림없이 두려워할 것입니다. 이 때 수레와 기마로서 도전을 하되 그들로 하여금 쉬지 않고 공격토록 하면 됩니다. 이것이 곡전의 방법입니다."

武侯問曰:「左右高山, 地甚狹迫, 卒遇敵人, 擊之不敢, 去之不得, 爲之奈何?」

　　起對曰:「此謂谷戰, 雖衆不用. 募吾材士與敵相當, 輕足利兵以爲前行, 分車列騎隱於四旁, 相去數里, 無見其兵. 敵必堅陳, 進退不敢. 於是出旌列斾, 行出山外營之, 敵人必懼. 車騎挑之, 勿令得休. 此谷戰之法也.」

【谷戰】 골짜기에서의 전투.
【輕足利兵】 가벼운 무장을 한 날랜 병사.
【前行】 최전방의 銳兵. 적진 돌파의 기습부대.
【出旌列斾】 깃발을 바르게 하여 정정당당하게 위세를 보이며 물러남. 군이 동요하거나 겁을 먹지 않도록 함을 뜻함.

수전水戰의 요령

무후가 물었다.

"아군과 적이 큰 물의 못에서 만나 수레도 모두 엎어지고 빠졌으며 물은 밀려오는데 배나 삿대도 준비되어 있지 않아 나가지도 물러설 수도 없는 경우라면 어떻게 해야 합니까?"

오기가 대답하였다.

"이를 일러 수전水戰이라 합니다. 전차나 기마를 사용할 수 없으므로 잠시 그 곁에 머물러야 합니다. 그리고 높은 곳으로 올라가 사방을 살펴보되 반드시 물의 상황을 알아보아야 합니다. 즉 물의 너비와 깊이도 모두 알아내어야 이에 기이한 작전을 써서 승리할 수 있는 것입니다. 적이 만약 물을 가로질러 건너온다면 그들이 반쯤 건넜을 때 공격해 버리면 됩니다."

武侯問曰:「吾與敵相遇大水之澤, 傾輪沒轅, 水薄車騎, 舟楫不設, 進退不得, 爲之奈何?」

　　起對曰:「此謂水戰, 無用車騎, 且留其傍. 登高四望, 必得水情, 知其廣狹, 盡其淺深, 乃可爲奇以勝之. 敵若絶水, 半渡而薄之.」

【水戰】 물을 사이에 두고 벌이는 작전. 혹은 물에서 싸우게 되는 전투.

【傾輪沒轅】 수레가 기울고 빠져 움직일 수 없는 상태.

【絶水】 물의 장애를 뛰어넘음. 물을 가로질러 건너옴을 뜻함.

【薄】 迫과 같음. 진격함. 肉薄戰을 벌임.

033(5-8)
차전車戰의 요령

무후가 물었다.

"날이 오랫동안 연이어 비가 내려 말은 빠지고 수레는 나갈 수 없는데 사방에 적을 만나 삼군이 모두 놀라고 있다면 어떻게 해야 합니까?"

오기가 대답하였다.

"무릇 전차를 이용하되 그늘지고 습한 곳이라면 멈추어 서고, 양지에 건조한 곳이라면 일어나 출전합니다. 높은 곳을 택하며 낮은 곳을 피하여 강한 전차를 몰아가면 되고, 마치 진격하는 듯 또는 정지하는 듯하면 틀림없이 그 길을 통과할 수 있습니다. 적이 만약 행동을 개시하여 물러서면 반드시 그들의 수레바퀴 자국을 따라가야 합니다."

武侯問曰:「天久連雨, 馬陷車止, 四面受敵, 三軍驚駭, 爲之奈何?」

起對曰:「凡用車者, 陰濕則停, 陽燥則起; 貴高賤下, 馳其强車; 若進若止, 必從其道. 敵人若起, 必逐其跡.」

【陰濕】그늘진 곳과 연일 비가 내려 땅이 질고 진흙이 뒤섞여 작전하기 곤란한 지형.

【逐其跡】수레바퀴의 흔적을 따라 추적함.

《三才圖會》에 실려 있는 고대 각종 전투 장비

034(5-9)
폭도를 상대하여 전투를 벌일 때의 요령

무후가 물었다.

"포악한 도적이 갑자기 달려와 나의 농토의 수확을 노략질하고 나의 소와 양을 취해 간다면 어떻게 해야 합니까?"

오기가 대답하였다.

"포악한 도적이 나타나면 반드시 그들이 기세가 강함을 헤아려 잘 지키되 대응하지 않도록 합니다. 저들은 장차 어두운 저녁을 틈타 물러날 때면 그들의 짐이 틀림없이 무거울 것이며, 그 마음속에는 틀림없이 무서움을 느끼면서 그저 얼른 물러서고자 하는 데에만 힘쓸 것이며, 그 때문에 그들 무리가 서로 연결되지 못한 상태가 될 것입니다. 이 때 뒤쫓아 추격하면 그들 병력은 가히 엎어 버릴 수 있습니다."

武侯問曰:「暴寇卒來, 掠吾田野, 取吾牛羊, 則如之何?」

起對曰:「暴寇之來, 必慮其强, 善守勿應. 彼將暮去, 其裝必重, 其心必恐, 還退務速, 必有不屬. 追而擊之, 其兵可覆.」

【暴寇】 광포하여 무력 이외로는 상대할 수 없는 폭도. 이는 국가 대 국가의 전쟁이 아닌 도적 무리 등을 뜻하는 것으로 보임.

【其裝必重】 그 훔치거나 노략질한 물건이 많아, 싣고 가기 어려운 상태를 만들어 이를 이용하여 작전을 펼침.

【不屬】 서로 연속되지 못하고 분리됨.

【覆】 覆滅시킴.

공격과 포위의 전술

오기가 말하였다.

"무릇 적의 성을 포위하여 공격하는 방법은, 성읍城邑을 이미 깨뜨리고 났다면 각기 그들 궁궐로 들어가 적의 관리를 통제하고 그 기물을 거두어들인다. 아군이 닿는 곳이면 그 나무를 베거나, 그들 집을 부수거나, 그들의 육축六畜을 마구 죽이거나, 그들의 쌓아놓은 재물에 불을 지르거나, 하는 일은 없도록 하여 그 백성들에게 우리가 잔혹한 마음을 갖지 않았음을 보여 주어야 한다. 투항하겠다고 하는 자가 있으면 이를 허락하여 안정되게 살펴 주어야 한다."

吳子曰:「凡攻敵圍城之道, 城邑旣破, 各入其宮, 御其祿秩, 收其器物. 軍之所至, 無刊其木・發其屋・取其粟・殺其六畜・燔其積聚, 示民無殘心. 其有請降, 許而安之.」

【宮】 그 城邑의 官府. 관청.
【祿秩】 俸祿과 官秩. 여기서는 관리를 가리킴.
【刊】 잘라 버림.
【積聚】 물건을 거두어 놓거나 모아놓은 창고.
【殘心】 잔인한 심사. 잔혹함.
【六畜】 집에서 기르는 가축의 총칭. 흔히 소・말・양・돼지・닭・개를 가리킴.

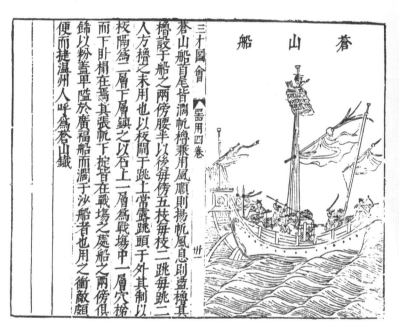

蒼山船首尾皆濶帆檣兼用風順則揚帆風息則盪檣其檣設于船之兩傍腰半以傍每傍五枝每枝二跳每跳二人方檣之末用也以枝開于跳土常露跳頭于外其制以枚隔爲一層下層鎭之以右上一層爲戰場中一層穴梯而下卧桐在焉其張帆下掟皆在戰場之處船之兩傍俱飾以粉蓋單臨於廣福船而濶于沙船者也用之衝敵頗便而捷温州人呼爲蒼山鐵

三才圖會　器用四卷

《三才圖會》에 실려 있는 고대 각종 전투 장비

6. 여사勵士

　　'여사勵士'는 군사들을 격려하고 독려하여 스스로 공을 세울 수 있도록 기회를 마련해 줌을 뜻한다. 따라서 논공행상을 중시하되 예로써 이들을 대우하며 전체 장병과 사졸들을 면려하여 '명령을 내리면 즐겨 듣고 군대를 일으키면 전쟁에 나서기를 주저하지 아니하며 전투가 벌어지면 목숨도 아끼지 않는(發號布令而人樂聞, 興師動衆而人樂戰, 交兵接刃而人樂死)' 낙문樂聞·낙전樂戰·낙사樂死의 분위기를 만들어야 한다는 것이다.

　　이와 같은 오기의 주장을 위魏 문후文侯가 흔쾌히 받아들여 5만 병사의 진秦나라 군사를 서하西河에서 깨뜨려 승리를 거두었음을 밝히고 있다.

036(6-1)
신상필벌을 넘어 더 중요한 세 가지를 얻어야

무후가 물었다.

"형벌을 엄히 하고 상을 명확히 한다면 족히 승리할 수 있습니까?"

오기가 대답하였다.

"상벌에 대한 엄격하고 명확한 일이라면 저로서는 모두 알고 있지는 못합니다. 비록 그렇기는 하나 이 상벌은 전적으로 믿을 것은 못됩니다. 무릇 호령을 발포하였을 때 사람들이 이를 불평 없이 들어 주고, 군대를 일으키고 무리를 동원하였을 때 사람들이 자신 있게 나서서 전투를 수행하며, 접전이 벌어져 칼날이 마주할 때 사람들이 죽음도 자신 있어 하여야 합니다. 이 세 가지가 바로 임금된 자로서 믿을 바입니다."

武侯問曰:「嚴刑明賞, 足以勝乎?」

起對曰:「嚴明之事, 臣不能悉. 雖然, 非所恃也. 夫發號布令而人樂聞, 興師動衆而人樂戰, 交兵接刃而人樂死. 此三者, 人主之所恃也.」

【悉】 사실을 있는 대로 모두 상세히 파악함.
【樂】 '즐겨하다. 감내하다. 자신 있어하다'의 뜻.
【交兵接刃】 肉薄戰이 벌어짐.

《三才圖會》에 실려 있는 고대 각종 전투 장비

崇明沙船上無遮蔽不如
鷹船兩頭俱尖不辨首尾
進退如飛其傍皆猫竹板
客釘如福船旁板之上竹
問設銃眼可出銃箭窓之內
船之外隱人以盪槳先用
此舟衝敵沙船隨後而進
短兵相接戰無不勝矣

鷹船

三才圖會

器用四卷

二十

八槳船但可供哨
探之用不能擊賊

八槳船

037(6-2)
공을 세웠을 때와
아무런 공을 세우지 못했을 때

무후가 물었다.

"이를 어떻게 처리하면 되겠습니까?"

오기가 대답하였다.

"임금께서는 공 있는 자에게 진급시켜 향응을 베풀고, 공이 없는 경우라면 이를 면려시키십시오."

이에 무후는 조정에 자리를 마련하여 세 등급으로 나누고 사대부들에게 잔치를 베풀었다. 가장 높은 공을 세운 이는 앞줄에 앉히고 자리에 좋은 음식과 중한 보물 그리고 상뢰上牢로써 대접하였으며, 다음의 공을 세운 자에게는 가운데 줄에 앉혀 그 자리에 좋은 음식과 그 다음 조금 낮은 예물로 대우하였으며, 공이 없는 자는 뒷줄에 앉히되 음식은 있으되 좋은 예물은 없었다.

잔치를 마치고 나서면서 다시 공이 있는 자의 부모처자로서 사당 밖에 있는 이들에게 예물을 나누어 주었으며, 그 나머지는 역시 그 공에 따라 차등을 두었다. 그리고 전쟁에 죽은 자가 있는 집안에 대해서는 매 해마다 사람을 시켜 그 부모에게 물건을 내려 위로토록 하여 마음에 잊지 않고 있음을 드러내 보였다.

이렇게 행하기를 3년, 진秦나라가 군대를 일으켜 서하西河에 이르자, 관리의 명령을 기다릴 것도 없이 모두가 갑옷과 투구를 쓰고 달려나와 분격하여 맞선 자가 수만 명을 헤아리게 되었다.

武侯曰:「致之奈何?」

對曰:「君擧有功而進饗之, 無功而勵之.」

於是武侯設坐廟廷, 爲三行, 饗士大夫. 上功坐前行. 餚席兼重器・上牢; 次功坐中行, 餚席器差減; 無功坐後行, 餚席無重器. 饗畢而出, 又頒賜有功者父母妻子於廟門外, 亦以功爲差. 有死事之家, 歲使者勞賜其父母, 著不忘於心.

行之三年, 秦人興師, 臨於西河. 魏士聞之, 不待吏令, 介胄而奮擊之者以萬數.

【致之】 앞 장에서 거론한 樂聞, 樂戰, 樂死의 세 가지가 모두 성사됨을 뜻함.

【進饗】 음식과 술을 마련하여 위로함.

【廟廷】 종묘의 뜰. 조상에게 대사(전쟁)를 치름을 알리며 의식을 행함.

【上牢】 고대 소, 양, 돼지를 잡아 큰 잔치를 베풀어줌을 '太牢'라 하고 양과 돼지를 잡아 여는 대접을 '少牢'라 함. 여기서는 크게 잔치를 베풂을 뜻함.

【勞賜】 위문함과 아울러 재물이나 돈으로 그 공을 치하함.

【秦】 전국시대 서쪽에 위치하였던 매우 강대한 나라. 춘추시대 오패의 하나인 穆公(繆公)을 낳았으며, 咸陽(지금의 西安 근처)을 도읍으로 함. 전국시대 中後期 法家 사상을 받아들여 크게 발전, 連橫策으로 七雄의 나머지 여섯 나라를 압박하였음. 東進 政策을 썼으며 뒤에 秦始皇 때 결국 천하를 통일함.

【西河】 魏나라 경내의 황하 서쪽. 지금의 陝西省 동부 지역. 秦나라와 魏나라의 국경지역.

【介冑】 갑옷과 투구, 혹은 모두 투구의 일종이라 함. 介는 鎧甲, 冑는 頭盔.

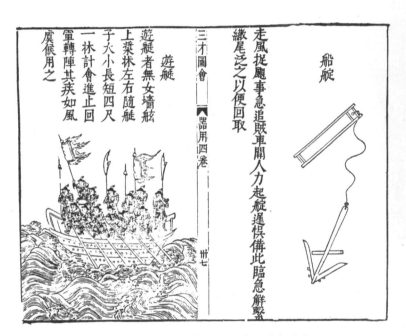

船䑦

走風捉颶事急追賊車關人力起䑦遑悮備此臨急解䌫
繼尾泛之以便回取

三才圖會　器用四卷　卅七

遊䑦
遊䑦者無女墻舷
上槳狀左右隨䑦
于大小長短四尺
一林計會進止回
軍轉陣其莁如風
虞候用之

《三才圖會》에 실려 있는 고대 각종 전투 장비

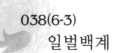

무후가 오기를 불러 말하였다.

"그대가 지난날 가르쳐 준 것을 실행하였습니다."

오기가 대답하였다.

"제가 듣기로 사람에게는 장단이 있으며, 기氣는 성쇠가 있다 하였습니다. 임금께서 이제껏 공을 세워본 적이 없는 병사 5만 명을 징발하여 시험해 주시면, 제가 이들을 이끌고 진나라를 대적해 보겠습니다. 만약 이겨내지 못한다면 제후의 웃음을 살 것이며 천하에 권위를 잃고 말 것입니다. 지금 만약 어떤 죽기를 무릅쓴 적 하나가 광야에 매복해 있어 천 명이 이를 추격한다면 그 천 명이나 되는 사람 누구 하나 올빼미가 밤에 먹이를 살피듯, 이리가 사방을 경계하듯 하지 않는 자가 없을 것입니다. 왜 그렇겠습니까? 그 한 사람이 갑자기 일어서 자신을 해치지나 않을까 하는 두려움 때문입니다. 이로써 한 사람만 목숨을 내던지겠다 하면 족히 천 명의 장부에게 겁을 줄 수 있습니다. 지금 신은 5만의 무리로 죽기를 무릅쓴 그런 한 사람을 만들어 이들을 이끌고 적을 토벌하게 되면 진실로 적은 우리를 대적하기 어려울 것입니다."

武侯召吳起而謂曰:「子前日之教行矣.」

起對曰:「臣聞人有短長, 氣有盛衰. 君試發無功者五萬人, 臣請率以當之.

脫其不勝, 取笑於諸侯, 失權於天下矣. 今使一死賊伏於曠野, 千人追之, 莫不梟視狼顧. 何者? 恐其暴起而害己也. 是以一人投命, 足懼千夫. 今臣以五萬之衆, 而爲一死賊, 率以討之, 固難敵矣.」

【當】'막아내다. 대적하다'의 뜻. 여기서는 앞장에서 말한 秦나라 침입을 막아내
　겠다는 뜻.
【脫】부사로 '만일'의 뜻.
【死賊】죽기를 무릅쓰고 덤비는 상대.
【梟視】올빼미가 어두운 밤에 먹이를 살피듯 예리한 눈으로 자세히 살펴 경계
　함을 뜻함.
【狼顧】이리가 항시 주위를 경계하듯 사방을 살핌을 뜻함.
【投命】목숨을 던짐.

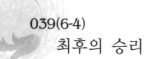

039(6-4)
최후의 승리

　이에 무후는 오기의 의견을 따라 수레 5백 승과 기마병 3천 필을 주어 진秦나라 50만 무리를 깨뜨리게 되었으니 이는 병사를 격려한 공이었다.

　앞서 전투가 벌어지기 하루 전, 오기는 삼군에게 이렇게 명령을 내렸다.

　"여러 관리와 병사들은 마땅히 나를 따라 적을 맞아 싸운다. 수레와 기마병, 그리고 보병으로서 만약 수레가 그 수레의 역할을 해내지 못하고 기마병이 기마병의 임무를 수행해 내지 못하며 보병이 보병으로서의 할 일을 해내지 못한다면 비록 적을 깨뜨려 승리한다 해도 모두가 아무런 공을 인정하지 않겠노라."

　그리하여 전투가 벌어진 날 그 명령이 번거롭지 않았음에도 천하에 그 위세를 떨쳤던 것이다.

於是武侯從之, 兼車五百乘, 騎三千匹, 而破秦五十萬衆, 此勵士之功也.

先戰一日, 吳起令三軍曰:「諸吏士當從受敵. 車騎與徒, 若車不得車, 騎不得騎, 徒不得徒, 雖破軍皆無功.」

故戰之日, 其令不煩, 而威震天下.

【兼車】 여러 가지 장비와 무기를 완전히 갖춘 전차.
【勵士】 군사들의 격려하고 독려함.
【徒】 徒步로 전투에 임하는 步兵.
【其令不煩】 따로 명령을 내려 번거롭게 하는 경우가 없음.

부록

○ 역대 吳起 관련 기록들

1. 《史記》孫子吳子列傳(吳起)
2. 《史記》范雎蔡澤列傳
3. 《史記》范雎蔡澤列傳
4. 《史記》秦始皇本紀
5. 《史記》魏世家
6. 《史記》陳涉世家
7. 《史記》孟子荀卿列傳
8. 《史記》儒林列傳
9. 《史記》太史公自序
10. 《戰國策》魏策(1)
11. 《戰國策》秦策(3)
12. 《戰國策》齊策(5)
13. 《戰國策》齊策(6)
14. 《戰國策》魏策(1)
15. 《荀子》堯問篇
16. 《韓非子》難言篇
17. 《韓非子》和氏篇(13)
18. 《韓非子》姦劫弑臣
19. 《韓非子》說林
20. 《韓非子》內儲說上(七術)
21. 《韓非子》外儲說左上(七術)
22. 《韓非子》外儲說左上
23. 《韓非子》外儲說左上
24. 《韓非子》外儲說左上
25. 《韓非子》外儲說左上
26. 《韓非子》外儲說右上
27. 《韓非子》外儲說右上
28. 《韓非子》問田篇
29. 《韓非子》五蠹篇
30. 《尉繚子》制談篇
31. 《尉繚子》武議篇
32. 《尉繚子》武議篇
33. 《尉繚子》武議篇
34. 《呂氏春秋》仲春紀 當染篇
35. 《呂氏春秋》仲冬紀 長見篇
36. 《呂氏春秋》孝行覽 義賞篇
37. 《呂氏春秋》審分覽 執一篇
38. 《呂氏春秋》離俗覽 上德篇
39. 《呂氏春秋》離俗覽 用民篇
40. 《呂氏春秋》恃君覽 觀表篇
41. 《呂氏春秋》恃君覽 觀表篇
42. 《呂氏春秋》開春論 貴卒篇
43. 《呂氏春秋》似順論 愼小篇
44. 《淮南子》主術訓
45. 《淮南子》繆稱訓
46. 《淮南子》道應訓
47. 《淮南子》氾論訓
48. 《淮南子》泰族訓
49. 《說苑》建本篇
50. 《說苑》貴德篇
51. 《說苑》復恩篇
52. 《說苑》指武篇
53. 《說苑》臣術篇
54. 《新序》雜事(1)
55. 《韓詩外傳》卷1
56. 賈誼《新書》過秦(上)
57. 《高士傳》(中)「段干木」
58. 《太平御覽》兵部 據要
59. 《資治通鑑》周 安王 15年
60. 《十八史略》卷一
61. 《十八史略》卷一
62. 張心澂《僞書通考》
63. 錢穆《先秦諸子繫年》吳子仕魯考
64. 錢穆《先秦諸子繫年》吳起爲魏將拔秦五城考
65. 錢穆《先秦諸子繫年》吳起去魏相楚考

1.《史記》孫子吳子列傳(吳起)

　吳起者, 衛人也, 好用兵. 嘗學於曾子, 事魯君. 齊人攻魯, 魯欲將吳起,
吳起取齊女爲妻, 而魯疑之. 吳起於是欲就名, 遂殺其妻, 以明不與齊也.
魯卒以爲將. 將而攻齊, 大破之.

　魯人或惡吳起曰:「起之爲人, 猜忍人也. 其少時, 家累千金, 游仕不遂,
遂破其家. 鄕黨笑之, 吳起殺其謗己者三十餘人, 而東出衛郭門. 與其母訣,
齧臂而盟曰:『起不爲卿相, 不復入衛.』遂事曾子. 居頃之, 其母死, 起終不歸.
曾子薄之, 而與起絕. 起乃之魯, 學兵法以事魯君. 魯君疑之, 起殺妻以求將.
夫魯小國, 而有戰勝之名, 則諸侯圖魯矣. 且魯衛兄弟之國也, 而君用起,
則是弃衛.」魯君疑之, 謝吳起.

　吳起於是聞魏文侯賢, 欲事之. 文侯問李克曰:「吳起何如人哉?」李克曰:
「起貪而好色, 然用兵司馬穰苴不能過也.」於是魏文侯以爲將, 擊秦, 拔五城.

　起之爲將, 與士卒最下者同衣食. 臥不設席, 行不騎乘, 親裹贏糧, 與士卒
分勞苦. 卒有病疽者, 起爲吮之. 卒母聞而哭之. 人曰:「子卒也, 而將軍自吮
其疽, 何哭爲?」母曰:「非然也. 往年吳公吮其父, 其父戰不旋踵, 遂死於敵.
吳公今又吮其子, 妾不知其死所矣. 是以哭之.」

　文侯以吳起善用兵, 廉平, 盡能得士心, 乃以爲西河守, 以拒秦·韓.

　魏文侯旣卒, 起事其子武侯. 武侯浮西河而下, 中流, 顧而謂吳起曰:「美哉
乎山河之固, 此魏國之寶也!」起對曰:「在德不在險. 昔三苗氏左洞庭, 右彭蠡,
德義不修, 禹滅之. 夏桀之居, 左河濟, 右泰華, 伊闕在其南, 羊腸在其北,
修政不仁, 湯放之. 殷紂之國, 左孟門, 右太行, 常山在其北, 大河經其南,
修政不德, 武王殺之. 由此觀之, 在德不在險. 若君不修德, 舟中之人盡爲
敵國也.」武侯曰:「善.」

　(卽封)吳起爲西河守, 甚有聲名. 魏置相, 相田文. 吳起不悅, 謂田文曰:
「請與子論功, 可乎?」田文曰:「可.」起曰:「將三軍, 使士卒樂死, 敵國不敢謀,
子孰與起?」文曰:「不如子.」起曰:「治百官, 親萬民, 實府庫, 子孰與起?」
文曰:「不如子.」起曰:「守西河而秦兵不敢東鄕, 韓趙賓從, 子孰與起?」

文曰:「不如子.」起曰:「此三者, 子皆出吾下, 而位加吾上, 何也?」文曰:
「主少國疑, 大臣未附, 百姓不信, 方是之時, 屬之於子乎? 屬之於我乎?」
起默然良久, 曰:「屬之子矣.」文曰:「此乃吾所以居子之上也.」吳起乃自知
弗如田文.

田文既死, 公叔爲相, 尙魏公主, 而害吳起. 公叔之僕曰:「起易去也.」公叔曰:
「奈何?」其僕曰:「吳起爲人節廉而自喜名也. 君因先與武侯言曰:『夫吳起
賢人也, 而侯之國小, 又與彊秦壤界, 臣竊恐起之無留心也..』武侯即曰:
『奈何?』君因謂武侯曰:『試延以公主, 起有留心則必受之, 無留心則必辭矣.
以此卜之.』君因召吳起而與歸, 即令公主怒而輕君. 吳起見公主之賤君也,
則必辭.」於是吳起見公主之賤魏相, 果辭魏武侯. 武侯疑之而弗信也. 吳起
懼得罪, 遂去, 即之楚.

楚悼王素聞起賢, 至則相楚. 明法審令, 捐不急之官, 廢公族疏遠者, 以撫
養戰鬪之士. 要在彊兵, 破馳說之言從橫者. 於是南平百越; 北幷陳蔡, 卻三晉;
西伐秦. 諸侯患楚之彊. 故楚之貴戚盡欲害吳起. 及悼王死, 宗室大臣作亂
而攻吳起, 吳起走之王尸而伏之. 擊起之徒因射刺吳起, 幷中悼王. 悼王既葬,
太子立, 乃使令尹盡誅射吳起而幷中王尸者. 坐射起而夷宗死者七十餘家.

太史公曰: 世俗所稱師旅, 皆道《孫子》十三篇, 吳起《兵法》, 世多有, 故弗
論, 論其行事所施設者. 語曰:「能行之者未必能言, 能言之者未必能行.」孫子
籌策龐涓明矣, 然不能蚤救患於被刑. 吳起說武侯以形勢不如德, 然行之
於楚, 以刻暴少恩亡其軀. 悲夫!

오기吳起는 위衛나라 사람으로 병사를 다루는 데에 유능했다. 일찍이
증자(曾子, 曾參)에게 배웠으며 노魯나라 임금을 섬겼다. 제나라가 노나라
를 공격하자, 노나라에서는 오기를 장군으로 기용하려 했으나 그의
아내가 제나라 여자였으므로 혹시나 하는 의심을 품고 주저했다.

그러자 오기는 공명심에 불탄 나머지 자기 아내를 죽여, 자기와
제나라와의 관계를 분명히 밝혔다. 그 결과, 오기는 노나라 장군에
임명되었다. 오기는 장군이 되어 제나라와 싸워 대승을 거두었다. 그러나
노나라 사람들은 오히려 오기를 이렇게 악평했다.

"오기는 시기심이 많고 잔인하다. 젊었을 때만 해도 벼슬을 구하러 돌아다니다가 천금이나 되는 가산을 탕진했을 뿐 아니라, 그것을 조롱한 마을 사람을 30여 명이나 죽이고 위衛나라를 빠져 나갔다. 그때 오기는 어머니 앞에서 자기 팔을 물어뜯으며 '대신이나 재상이 되기 전에는 다시 고향에 돌아오지 않겠습니다' 하고 맹세하더니, 증자를 모시고 있던 중에 그 어머니가 죽었지만 맹세를 지켜 돌아가지 않았다. 그 때문에 오기는 증자에게 '정 없는 놈'이라는 소리를 듣고 쫓겨나 노나라에 오게 된 것이다. 노나라에서 병법을 배우고 노나라 임금을 섬긴 뒤로는 제 아내를 죽여 가면서까지 임금의 의심을 풀었다. 그러나 노나라 같은 작은 나라가 큰 나라와 싸워 이겼다면 오히려 그 때문에 제후들의 표적이 되기 십상이다. 더군다나 노나라와 위나라는 형제의 나라다. 그 위衛나라에서 도망쳐 온 오기를 계속 중용한다는 것은 곧 위나라와의 친교를 해치는 것이 된다."

오기에 대한 이러한 악평을 전해들은 노나라 임금 역시 심중에 의혹이 생기게 되었고, 마침내는 오기를 해임하고 말았다.

오기는 찾아갈 곳을 궁리하다가 그 당시 현군이라고 칭송받던 위魏나라 문후文侯를 택했다. 문후는 중신 이극李克에게 물었다.

"오기는 어떤 사람이오?"

"오기는 재물을 탐내고 여자를 좋아하기는 하나, 병사를 다루는 일에서는 사마양저司馬穰苴도 따를 수 없을 정도입니다."

이리하여 문후는 오기를 장군에 임명했다. 과연 오기는 진秦나라를 쳐서 5개 성을 함락시켰다.

오기는 장군으로서 군대를 거느릴 때에는 언제나 하급 병사들과 의식을 같이 했고, 누울 때도 자리를 까는 법이 없었으며, 행군할 때도 수레에 타지 않았다. 또한 자기가 먹을 양식은 직접 가지고 다니는 등, 병사들과 고락을 같이 나눴다.

언젠가 병사들 가운데 종기를 앓는 사람이 생기자, 오기는 그 고름을 입으로 빨아냈다. 그러자 그 병사의 어머니는 그 소식을 듣고 소리내어 울었다. 어떤 사람이 그 이유를 물었다.

"당신 아들은 졸병에 지나지 않는데 장군께서 친절하게도 종기를 빨아 주기까지 하지 않았소. 그런데 왜 우는 거요?"

그 어머니는 이렇게 말했다.

"그런 게 아닙니다. 지난 해에도 오기 장군께서 그 애 아비의 종기를 빨아 주었습니다. 그이는 감격한 나머지 도망치지 않고 끝까지 싸우다가 죽고 말았습니다. 장군께서 지금 또 자식의 종기를 빨아 주었으니, 그 자식도 필경은 어디선가 싸우다가 죽을 것입니다. 그래서 우는 겁니다."

문후는 오기가 병사 다루는 일에 뛰어날 뿐 아니라 청렴하고 공평하여 병사들에게 신망을 얻고 있음을 알고, 그를 서하西河 태수로 임명하여 진나라와 한나라 군사를 막게 했다.

문후가 죽은 뒤 오기는 계속해서 문후의 아들 무후武侯를 섬겼다. 무후는 언젠가 배를 서하에 띄우고 물을 따라 내려가다가, 중간 지점에 이르러 뒤돌아보며 오기에게 말했다.

"참으로 아름답구려. 이 산과 물이 험난한 것이야말로 우리 위나라의 보배가 아니고 무엇이겠소."

이에 오기가 공손히 대답했다.

"나라가 보배로 삼아야 할 것은 임금의 덕일 뿐 지형의 험준함에 있지 않습니다. 옛날 삼묘三苗씨의 나라는 왼쪽에 동정호洞庭湖를 끼고 있고, 오른쪽에 팽려호彭蠡湖를 끼고 있었으나, 덕의를 닦지 않았기 때문에 하나라 우禹임금에게 멸망당하고 말았습니다. 하나라의 걸왕桀王이 살던 곳은, 황하黃河와 제수濟水를 왼쪽에 끼고, 태산泰山과 화산華山을 오른쪽에 두었으며, 이궐伊闕이 그 남쪽에 있고, 양장羊腸이 그 북쪽에 있었으나, 그 정사가 어질지 못한 나머지 은나라 탕왕湯王에게 쫓겨나고 말았습니다. 은나라 주왕紂王은 맹문산孟門山을 왼쪽으로, 태행산太行山을 오른쪽으로 하고, 상산常山이 그 북쪽에 있고, 황하가 그 남쪽을 둘러 있었으나, 주왕이 덕으로써 정치를 하지 않아 무왕이 그를 죽였습니다. 이것으로 미루어 볼 때, 중요한 것은 임금의 덕에 있지 지형의 험난에 있는 것은 아니옵니다. 만일 임금께서 덕을 닦지 않으시면 이 배 안의 사람들도 모두 적이 될 것이옵니다."

무후는 '과연 옳은 말이오' 하고, 오기에게 계속 서하 태수를 맡겼다. 이로부터 오기의 명성은 날로 높아갔다.

그 무렵이었다. 위魏나라에서는 새로 재상 직책을 마련하고 전문田文을 그 자리에 임명했다. 오기는 자신이 되리라 기대했다가 안 되자 이를 못마땅하게 여긴 나머지 전문에게 이렇게 말했다.

"당신과 공로를 비교해 보고 싶은데, 어떻소?"

"좋소."

"3군의 장군이 되어 병사들로 하여금 기꺼이 나라를 위해 목숨 바쳐 싸우게 하며, 또 적국이 감히 우리 위나라를 넘볼 수 없게 하는 점에 있어서 당신과 나와 어느 쪽이 더 낫다고 생각하시오?"

"당신에게 어찌 미칠 수 있겠소."

"백관을 다스리고, 백성들의 신뢰를 받으며 나라의 재정을 튼튼히 하는 점에서는 누가 낫겠소?"

"그것도 어찌 당신을 따를 수 있겠소."

"서하를 지켜, 진나라 군사가 감히 동쪽으로 향해 우리 위나라를 칠 생각을 못하게 하고, 한·조 두 나라를 함께 복종하게 만드는 점에 있어서는 누가 낫겠소?"

"그 역시 당신을 따를 수 없소."

"이 세 가지 점에서도 당신은 모두 나만 못한데, 지위는 나보다 높으니 무슨 까닭이오?"

전문이 말했다.

"왕께서 아직 나이가 어려 온 나라가 불안에 싸여 있소. 대신들은 아직 왕에게 심복하고 있지 않으며 백성들도 왕을 신뢰하지 못하오. 불안한 이런 시기에 우리 중의 어느 쪽이 재상으로 적합하겠소?"

오기는 잠자코 말이 없다가 얼마 뒤에야 입을 열었다.

"당신에게 맡기겠지요."

전문이 말했다.

"이것이 내가 당신보다 윗자리에 앉게 된 까닭이오."

그제야 오기는 자신이 전문만 못하다는 것을 자인하게 되었다.

그 뒤 전문이 죽자 공숙公叔이 재상이 되었다. 공숙은 또한 위나라의 부마였으므로 위세를 떨쳤다. 공숙은 오기가 방해가 되었으므로 늘 벼르고 있었다. 때마침 부하 하나가 이렇게 진언해 왔다.

"오기를 내쫓기란 쉽습니다."

"어떻게 말이냐?"

"오기란 사람은 절조가 굳세고 청렴하지만 명예를 좋아합니다. 그러니까 상공께서 먼저 무후와 말씀하실 기회를 만들어 '오기는 현인입니다. 왕께서는 아직 나이 젊으시고, 또 강한 진나라와 국경을 맞대고 있습니다. 신은 오기가 우리 나라에 머물러 있을 생각이 없지나 않을까 걱정이옵니다' 하십시오. 무후께서는 '어떻게 하면 머무르게 할 수 있겠는가' 하고 물으실 것입니다. 그러시면 상공께서는 무후께 '시험삼아 공주를 아내로 보내도록 해 보시면 어떻겠습니까. 오기가 머물러 있을 생각이 있으면 반드시 받아들일 것이고, 머무를 생각이 없으면 반드시 사양할 것이니, 이것으로 판단하시지요'라고 하십시오. 그렇게 말씀해 두시고, 오기를 초대하여 함께 댁으로 가신 뒤에, 공숙公叔의 아내로 하여금 성난 얼굴로 상공을 푸대접하는 태도를 보이도록 하십시오. 오기는 공주가 상공을 푸대접하는 것을 보게 되면, 공주에게 장가들 생각이 없어져 임금의 청을 거절하게 될 것입니다."

이리하여, 오기는 무후에게 부마되기를 사양하고 말았다. 이를 계기로 무후는 오기를 의심하여 그를 신임하지 않게 되었다. 오기는 죄를 입게 될까 두려워한 나머지 초楚나라로 건너갔다.

초楚나라 도왕悼王은 일찍부터 오기가 현인이라는 소리를 들었으므로, 오기를 맞아 곧 초나라 재상에 임명했다. 오기는 법령을 자세히 밝히고 긴요하지 않은 관직들을 없앴으며 또 왕족들 중에서도 이미 멀어진 사람들의 봉록을 폐지시켜, 거기서 얻은 재원으로 군사를 양성했다. 그는 강병책을 적극 추진해 합종이니 연횡이니 하는 유세객의 논리를 무시해 버렸다. 이리하여, 남쪽으로는 백월百越을 평정하고, 북쪽으로는 진陳·채蔡를 초나라에 병합, 삼진三晉을 물리치고, 서쪽으로 진秦나라를 쳤다. 제후들은 초나라가 점점 강해지는 것을 두려워하였다.

한편 오기로 인해 벼슬자리가 떨어진 초나라 왕족들은, 모두 오기를 미워하며 죽일 기회를 엿보고 있었다. 그러다가 마침내 도왕의 죽음을 계기로 폭발하고 말았다. 대신들이 반란을 일으켜 일제히 오기를 공격했다. 오기는 마침내 쫓기다가 도왕의 영구를 둔 방으로 가서 시신 뒤에 엎드려 있었다. 그러나 오기를 쫓던 자들은 전혀 개의치 않고 오기에게 화살을 쏘아붙였다. 오기는 죽었지만 화살은 도왕의 시신까지 꿰뚫었다. 도왕의 장례식이 끝나고 태자가 즉위하자 재상 영윤슈尹에게 명해서, 오기를 쏘느라 왕의 시신에까지 화살을 쏘아 댄 자들을 모조리 잡아죽이도록 했다. 이로 인해 멸족의 화를 입은 집이 70여 세대나 되었다.

　나 태사공은 말한다.
　세상에서 군사를 논하는 사람은 누구나 《손자》 13편에 대해 말하고, 오기의 《병법》도 세상에 많이 유포되어 있으므로 여기서는 그것을 생략한 채 다만 그들의 사적과 시책에 대해서만 논했다.
　옛말에 '능히 행하는 사람이 반드시 능히 말하는 것은 아니며, 능히 말하는 사람이 반드시 능히 행하는 것은 아니다'라고 했다.
　손빈은 방연을 치는 데에는 그렇게 밝았지만 그에 앞서 그에게 형벌을 당하는 화를 방지하지는 못했다. 오기는 무후에게는 지형의 험난함보다 임금의 덕이 낫다고 말했지만, 자신이 초나라에서 행한 것은 각박하고 몰인정한 것이었다. 그리하여 자신의 몸을 망쳤으니 슬픈 일이 아닌가!

2.《史記》范雎蔡澤列傳

蔡澤曰:「若夫秦之商君, 楚之吳起, 越之大夫種, 其卒然亦可願與?」應侯知蔡澤之欲困己以說, 復謬曰:「何爲不可? 夫公孫鞅之事孝公也, 極身無貳慮, 盡公而不顧私; 設刀鋸以禁姦邪, 信賞罰以致治; 披腹心, 示情素, 蒙怨咎, 欺舊友, 奪魏公子卬, 安秦社稷, 利百姓, 卒爲秦禽將破敵, 攘地千里. 吳起之事悼王也, 使私不得害公, 讒不得蔽忠, 言不取苟合, 行不取苟容, 不爲危易行, 行義不辟難, 然爲霸主强國, 不辭禍凶. 大夫種之事越王也, 主雖困辱, 悉忠而不解, 主雖絶亡, 盡能而弗離, 成功而弗矜, 貴富而不驕怠. 若此三子者, 固義之至也, 忠之節也. 是故君子以義死難, 視死如歸; 生而辱不如死而榮. 士固有殺身以成名, 唯義之所在, 雖死無所恨. 何爲不可哉?」

3.《史記》范雎蔡澤列傳

今商君·吳起·大夫種之爲人臣, 是也; 其君, 非也. 故世稱三子致功而不見德, 豈慕不遇世死乎? 夫待死而後可以立忠成名, 是微子不足仁, 孔子不足聖, 管仲不足大也. 夫人之立功, 豈不期於成全邪? 身與名俱全者, 上也. 名可法而身死者, 其次也. 名在僇辱而身全者, 下也.」於是應侯稱善.

蔡澤少得閒, 因曰:「夫商君·吳起·大夫種, 其爲人臣盡忠致功則可願矣, 閎夭事文王, 周公輔成王也, 豈不亦忠聖乎? 以君臣論之, 商君·吳起·大夫種其可願孰與閎夭·周公哉?」應侯曰:「商君·吳起·大夫種弗若也.」蔡澤曰:「然則君之主慈仁任忠, 惇厚舊故, 其賢智與有道之士爲膠漆, 義不倍功臣, 孰與秦孝公·楚悼王·越王乎?」應侯曰:「未知何如也.」蔡澤曰:「今主親忠臣, 不過秦孝公·楚悼王·越王, 君之設智, 能爲主安危修政, 治亂彊兵, 批患折難, 廣地殖穀, 富國足家, 彊主, 尊社稷, 顯宗廟, 天下莫敢欺犯其主, 主之威蓋震海内, 功彰萬里之外, 聲名光輝傳於千世, 君孰與商君·吳起·大夫種?」應侯曰:「不若.」蔡澤曰:「今主之親忠臣不忘舊故不若孝公·悼王·句踐, 而君之功績愛信親幸又不若商君·吳起·大夫種, 然而君之祿位貴盛, 私家之富過於三子, 而身不退者, 恐患之甚於三子, 竊爲君危之. 語曰『日中則移, 月滿則虧』. 物盛則衰, 天地之常數也. 進退盈縮, 與時變化, 聖人之常道也. 故『國有道則仕, 國無道則隱』. 聖人曰『飛龍在天, 利見大人』.『不義而富且貴, 於我如浮雲』. 今君之怨已讎而德已報, 意欲至矣, 而無變計, 竊爲君不取也. 且夫翠·鵠·犀·象, 其處勢非不遠死也, 而所以死者, 惑於餌也. 蘇秦·智伯之智, 非不足以辟辱遠死也, 而所以死者, 惑於貪利不止也. 是以聖人制禮節欲, 取於民有度, 使之以時, 用之有止, 故志不溢, 行不驕, 常與道俱而不失, 故天下承而不絶. 昔者, 齊桓公九合諸侯, 一匡天下, 至於葵丘之會, 有驕矜之志, 畔者九國. 吳王夫差兵無敵於天下. 勇彊以輕諸侯, 陵齊晉, 故遂以殺身亡國. 夏育·太史嘄叱呼駭三軍, 然而身死於庸夫. 此皆乘至盛而不返道理, 不居卑退處儉約之患也. 夫商君爲秦孝公明法令, 禁姦本, 尊爵必賞, 有罪必罰, 平權衡, 正度量, 調輕重, 決裂阡陌, 以靜生民之業而一其俗, 勸民耕農

利土, 一室無二事, 力田穡積, 習戰陳之事, 是以兵動而地廣, 兵休而國富, 故秦無敵於天下, 立威諸侯, 成秦國之業. 功已成矣, 而遂以車裂. 楚地方數千里, 持戟百萬, 白起率數萬之師以與楚戰, 一戰舉鄢郢以燒夷陵, 再戰南并蜀漢. 又越韓·魏而攻彊趙, 北阬馬服, 誅屠四十餘萬之衆, 盡之于長平之下, 流血成川, 沸聲若雷, 遂入圍邯鄲, 使秦有帝業. 楚·趙天下之彊國而秦之仇敵也, 自是之後, 楚·趙皆懾伏不敢攻秦者, 白起之勢也. 身所服者七十餘城, 功已成矣, 而遂賜劍死於杜郵. 吳起爲楚悼王立法, 卑減大臣之威重, 罷無能, 廢無用, 損不急之官, 塞私門之請, 一楚國之俗, 禁游客之民, 精耕戰之士, 南收楊越, 北并陳·蔡, 破橫散從, 使馳說之士無所開其口, 禁朋黨以勵百姓, 定楚國之政, 兵震天下, 威服諸侯. 功已成矣, 而卒枝解. 大夫種爲越王深謀遠計, 免會稽之危, 以亡爲存, 因辱爲榮, 墾草入邑, 辟地殖穀, 率四方之士, 專上下之力, 輔句踐之賢, 報夫差之讎, 卒擒勁吳, 令越成霸. 功已彰而信矣, 句踐終負而殺之. 此四子者, 功成不去, 禍至於此. 此所謂信而不能詘, 往而不能返者也. 范蠡知之, 超然辟世, 長爲陶朱公. 君獨不觀夫博者乎? 或欲大投, 或欲分功, 此皆君之所明知也. 今君相秦, 計不下席, 謀不出廊廟, 坐制諸侯, 利施三川, 以實宜陽, 決羊腸之險, 塞太行之道, 又斬范·中行之塗, 六國不得合從, 棧道千里, 通於蜀漢, 使天下皆畏秦, 秦之欲得矣, 君之功極矣, 此亦秦之分功之時也. 如是而不退, 則商君·白公·吳起·大夫種是也. 吾聞之: 『鑒於水者見面之容, 鑒於人者知吉與凶』. 《書》曰: 『成功之下, 不可久處』. 四子之禍, 君何居焉? 君何不以此時歸相印, 讓賢者而授之, 退而巖居川觀, 必有伯夷之廉, 長爲應侯, 世世稱孤, 而有許由·延陵季子之讓, 喬松之壽, 孰與以禍終哉? 卽君何居焉? 忍不能自離, 疑不能自決, 必有四子之禍矣. 《易》曰: 『亢龍有悔』, 此言上而不能下, 信而不能詘, 往而不能自返者也. 願君孰計之!」應侯曰:「善. 吾聞:『欲而不知(止)[足], 失其所以欲; 有而不知(足)[止], 失其所以有』. 先生幸教, 雎敬受命.」於是乃延入坐, 爲上客.

4.《史記》秦始皇本紀

　　於是六國之士有寧越・徐尙・蘇秦・杜赫之屬爲之謀, 齊明・周最・陳軫・昭滑・樓緩・翟景・蘇厲・樂毅之徒通其意, 吳起・孫臏・帶佗・兒良・王廖・田忌・廉頗・趙奢之朋制其兵. 常以十倍之地, 百萬之衆, 叩關而攻秦. 秦人開關延敵, 九國之師逡巡遁逃而不敢進. 秦無亡矢遺鏃之費, 而天下諸侯已困矣. 於是從散約解, 爭割地而奉秦. 秦有餘力而制其敝, 追亡逐北, 伏尸百萬, 流血漂鹵. 因利乘便, 宰割天下, 分裂河山, 彊國請服, 弱國入朝. 延及孝文王・莊襄王, 享國日淺, 國家無事.

5.《史記》魏世家

七年, 伐齊, 至桑丘. 九年, 翟敗我于澮. 使吳起伐齊, 至靈丘. 齊威王初立.

6.《史記》陳涉世家

　　於是六國之士有甯越·徐尙·蘇秦·杜赫之屬爲之謀, 齊明·周冣·陳軫·
邵滑·樓緩·翟景·蘇厲·樂毅之徒通其意, 吳起·孫臏·帶他·兒良·王廖·
田忌·廉頗·趙奢之倫制其兵. 嘗以什倍之地, 百萬之師, 仰關而攻秦. 秦人
開關而延敵, 九國之師遁逃而不敢進. 秦無亡矢遺鏃之費, 而天下固已困矣.
於是從散約敗, 爭割地而賂秦. 秦有餘力而制其弊, 追亡逐北, 伏尸百萬,
流血漂櫓, 因利乘便, 宰割天下, 分裂山河, 彊國請服, 弱國入朝.

7. 《史記》 孟子荀卿列傳

當是之時, 秦用商君, 富國彊兵; 楚·魏用吳起, 戰勝弱敵; 齊威王·宣王用孫子·田忌之徒, 而諸侯東面朝齊. 天下方務於合從連衡, 以攻伐爲賢, 而孟軻乃述唐·虞·三代之德, 是以所如者不合.

8.《史記》儒林列傳

　　自孔子卒後, 七十子之徒散游諸侯, 大者爲師傅卿相, 小者友教士大夫, 或隱而不見. 故子路居衛, 子張居陳, 澹臺子羽居楚, 子夏居西河, 子貢終於齊. 如田子方·段干木·吳起·禽滑釐之屬, 皆受業於子夏之倫, 爲王者師. 是時獨魏文侯好學. 後陵遲以至于始皇, 天下並爭於戰國, 儒術旣絀焉, 然齊魯之閒, 學者獨不廢也. 於威·宣之際, 孟子·荀卿之列, 咸遵夫子之業而潤色之, 以學顯於當世.

9. 《史記》太史公自序

非信廉仁勇不能傳兵論劍, 與道同符, 內可以治身, 外可以應變, 君子比德焉. 作孫子吳起列傳第五.

10.《戰國策》魏策(1)

魏武侯與諸大夫浮於西河, 稱曰:「河山之險, 豈不亦信固哉!」王鍾侍王, 曰:「此晉國之所以強也. 若善脩之, 則霸王之業具矣.」吳起對曰:「吾君之言, 危國之道也; 而子又附之, 是危也.」武侯忿然曰:「子之言有說乎?」吳起對曰: 「河山之險, 信不足保也; 是伯王之業, 不從此也. 昔者, 三苗之居, 左彭蠡之波, 右有洞庭之水, 文山在其南, 而衡山在其北. 恃此險也, 爲政不善, 而禹放逐之. 夫夏桀之國, 左天門之陰, 而右天谿之陽, 廬睪在其北, 伊·洛出其南. 有此 險也, 然爲政不善, 而湯伐之. 殷紂之國, 左孟門而右漳·釜, 前帶河, 後被山. 有此險也, 然爲政不善, 而武王伐之. 且君親從臣而勝降城, 城非不高也, 人民非不衆也, 然而可得幷者, 政惡故也. 從是觀之, 地形險阻, 奚足以霸 王矣?」武侯曰:「善. 吾乃今日聞聖人之言也! 西河之政, 專委之子矣.」

11.《戰國策》秦策(3)

澤曰:「若秦之商君, 楚之吳起, 越之大夫種, 其卒亦可願矣.」應侯知蔡澤之欲困己以說, 復曰:「何爲不可? 夫公孫鞅事孝公, 極身毋二, 盡公不還私, 信賞罰以致治, 竭智能, 示情素, 蒙怨咎, 欺舊交, 虜魏公子卬, 卒爲秦禽將, 破敵軍, 攘地千里. 吳起事悼王, 使私不害公, 讒不蔽忠, 言不取苟合, 行不取苟容, 行義不固毀譽, 必有伯主強國, 不辭禍凶. 大夫種事越王, 主離困辱, 悉忠而不解, 主雖亡絕, 盡能而不離, 多功而不矜, 貴富不驕怠. 若此三子者, 義之至, 忠之節也. 故君子殺身以成名, 義之所在, 身雖死, 無憾悔, 何爲不可哉?」蔡澤曰:「主聖臣賢, 天下之福也; 君明臣忠, 國之福也; 父慈子孝, 夫信婦貞, 家之福也. 故比干忠, 不能存殷; 子胥知, 不能存吳; 申生孝, 而晉惑亂. 是有忠臣孝子, 國家滅亂, 何也? 無明君賢父以聽之. 故天下以其君父爲戮辱, 憐其臣子. 夫待死而後可以立忠成名, 是微子不足仁, 孔子不足聖, 管仲不足大也.」於是應侯稱善.

蔡澤得少間, 因曰:「商君·吳起·大夫種, 其爲人臣, 盡忠致功, 則可願矣. 閎夭事文王, 周公輔成王也, 豈不亦忠乎? 以君臣論之, 商君·吳起·大夫種, 其可願孰與閎夭·周公哉?」應侯曰:「商君·吳起·大夫種不若也.」蔡澤曰:「然則君之主, 慈仁任忠, 不欺舊故, 孰與秦孝公·楚悼王·越王乎?」應侯曰:「未知何如也.」蔡澤曰:「主固親忠臣, 不過秦孝·越王·楚悼; 君之爲主, 正亂·批患·折難·廣地·殖穀·富國·足家·強主, 威蓋海內, 功章萬里之外, 不過商君·吳起·大夫種. 而君之祿位貴盛, 私家之富過於三子, 而身不退, 竊爲君危之. 語曰:『日中則移, 月滿則虧.』物盛則衰, 天之常數也; 進退·盈縮·變化, 聖人之常道也. 昔者, 齊桓公九合諸侯, 一匡天下, 至葵丘之會, 有驕矜之色, 畔者九國. 吳王夫差無適於天下, 輕諸侯, 凌齊·晉, 遂以殺身亡國. 夏育·太史啓叱呼駭三軍, 然而身死於庸夫. 此皆乘至盛不及道理也. 夫商君爲孝公平權衡·正度量·調輕重, 決裂阡陌, 教民耕戰, 是以兵動而地廣, 兵休而國富, 故秦無敵於天下, 立威諸侯. 功已成, 遂以車裂. 楚地持戟百萬, 白起率數萬之師, 以與楚戰, 一戰擧鄢·郢, 再戰燒夷陵, 南幷蜀·漢,

又越韓·魏攻强趙, 北坑馬服, 誅屠四十餘萬之衆, 流血成川, 沸聲若雷, 使秦業帝. 自是之後, 趙·楚懾服, 不敢攻秦者, 白起之勢也. 身所服者, 七十餘城. 功已成矣, 賜死於杜郵. 吳起爲楚悼罷無能, 廢無用, 損不急之官, 塞私門之請, 壹楚國之俗, 南攻楊越, 北幷陳·蔡, 破橫散從, 使馳說之士無所開其口. 功已成矣, 卒支解. 大夫種爲越王墾草刱邑, 辟地殖穀, 率四方士, 上下之力, 以禽勁吳, 成霸功. 勾踐終棓而殺之. 此四子者, 成功而不去, 禍至於此. 此所謂信而不能詘, 往而不能反者也. 范蠡知之, 超然避世, 長爲陶朱. 君獨不觀博者乎? 或欲分大投, 或欲分功. 此皆君之所明知也. 今君相秦, 計不下席, 謀不出廊廟, 坐制諸侯, 利施三川, 以實宜陽, 決羊腸之險, 塞太行之口, 又斬范·中行之途, 棧道千里於蜀·漢, 使天下皆畏秦. 秦之欲得矣, 君之功極矣. 此亦秦之分功之時也! 如是不退, 則商君·白公·吳起·大夫種是也. 君何不以此時歸相印, 讓賢者授之? 必有伯夷之廉, 長爲應侯, 世世稱孤, 而有喬·松之壽, 孰與以禍終哉? 此則君何居焉?」應侯曰:「善.」乃延入坐爲上客.

後數日, 入朝, 言於秦昭王曰:「客新有從山東來者蔡澤, 其人辯士. 臣之見人甚衆, 莫有及者, 臣不如也.」秦昭王召見, 與語, 大說之, 拜爲客卿.

應侯因謝病, 請歸相印. 昭王彊起應侯, 應侯遂稱篤, 因免相. 昭王新說蔡澤計畫, 遂拜爲秦相, 東收周室.

蔡澤相秦王數月, 人或惡之, 懼誅, 乃謝病歸相印, 號爲剛成君. 秦十餘年, 昭王·孝文王·莊襄王, 卒事始皇帝. 爲秦使於燕, 三年而燕使太子丹入質於秦.

12.《戰國策》齊策(5)

臣之所聞, 攻戰之道非師者, 雖有百萬之軍, 比之堂上; 雖有闔閭·吳起之將, 禽之戶內; 千丈之城, 拔之尊俎之間; 百尺之衝, 折之衽席之上. 故鐘鼓竽瑟之音不絶, 地可廣而欲可成; 和樂倡優侏儒之笑不之(乏), 諸侯可同日而致也.

13.《戰國策》齊策(6)

　　今公又以弊聊之民, 距全齊之兵, 朞年不解, 是墨翟之守也; 食人炊骨, 士無反北之心, 是孫臏・吳起之兵也. 能以見於天下矣! 故爲公計者, 不如罷兵休士, 全車甲, 歸報燕王, 燕王必喜. 士民見公, 如見父母, 交游攘臂而議於世, 功業可明矣.

14. 《戰國策》魏策(1)

魏公叔痤爲魏將, 而與韓·趙戰澮北, 禽樂祚. 魏王說, 迎郊, 以賞田百萬祿之. 公叔痤反走, 再拜辭曰:「夫使士卒不崩, 直而不倚, 撓挑而不辟者, 此吳起餘敎也, 臣不能爲也. 前脈形地之險阻, 決利害之備. 使三軍之士不迷惑者, 巴寧·爨襄之力也. 縣賞罰於前, 使民昭然信之於後者, 王之明法也. 見敵之可也鼓之, 不敢怠倦者, 臣也. 王特爲臣之右手不倦賞臣, 何也? 若以臣之有功, 臣何力之有乎?」王曰:「善」於是索吳起之後, 賜之田二十萬. 巴寧·爨襄田各十萬. 王曰:「公叔豈非長者哉! 旣爲寡人勝强敵矣, 又不遺賢者之後, 不揜能士之迹, 公叔何可無益乎?」故又與田四十萬, 加之百萬之上, 使百四十萬. 故老子曰:『聖人無積, 盡以爲人, 己愈有; 旣以與人, 己愈多.』公叔當之矣.

15.《荀子》堯問篇

　　魏武侯謀事而當, 群臣莫能逮, 退朝而有喜色. 吳起進曰:『亦嘗有以楚莊王之語聞於左右者乎?』武侯曰:『楚莊王之語何如?』吳起對曰:『楚莊王謀事而當, 群臣莫逮, 退朝而有憂色, 中公巫臣進, 問曰:「王朝而有憂色, 何也?」莊王曰:「不穀謀事而當, 群臣莫能逮, 是以憂也. 其在中蘬之言也, 曰: 諸侯自爲得師者王, 得友者霸, 得疑者存, 自爲謀而莫己若者亡. 今以不谷之不肖, 而群臣莫吾逮, 吾國幾於亡乎? 是以憂也.」楚莊王以憂, 而君以憙!』武侯逡巡再拜曰:『天使夫子振寡人之過也.』

16.《韓非子》難言篇

　　故文王說紂而紂因之；翼侯炙；鬼侯腊，比干剖心；梅伯醢；夷吾束縛；而曹羈奔陳；伯里子道乞；傅說轉鬻；孫子臏脚於魏；吳起收泣於岸門，痛西河之爲秦，卒枝解於楚；公叔痤言國器反爲悖，公孫鞅奔秦；關龍逢斬；萇宏分胣；尹子穽於棘；司馬子期死而浮於江；田明辜射；宓子賤·西門豹不斗而死人手；董安於死而陳於市；宰予不免於田常；范雎折脅於魏．此十數人者，皆世之仁賢忠良有道術之士也，不幸而遇悖亂闇惑之主而死．

17.《韓非子》和氏篇(13)

　昔者, 吳起教楚悼王以楚國之欲曰:「大臣太重, 封君太衆. 若此, 則上偪主而下虐民, 此貧國弱兵之道也. 不如使封君之子孫, 三世而收爵祿, 絶滅百吏之祿秩, 損不急之枝官, 以奉選練之士.」悼王行之期年而薨矣, 吳起枝解於楚. 商君教秦孝公以連什伍, 設告坐之過, 燔詩書而明法令, 塞私門之請而遂公家之勞, 禁遊宦之民而顯耕戰之士. 孝公行之, 主以尊安, 國以富强, 八年而薨, 商君車裂於秦. 楚不用吳起而削亂, 秦行商君法而富强. 二子之言也已當矣, 然而枝解吳起而車裂商君者, 何也? 大臣苦法而細民惡治也. 當今之世, 大臣貪重, 細民安亂, 甚於秦·楚之俗, 而人主無悼王·孝公之聽, 則法術之士, 安能蒙二子之危也而明己之法術哉? 此世所亂無霸王也.

18.《韓非子》姦劫弑臣

　　君臣之相與也, 非有父子之親也, 而群臣之毀言, 非特一妾之口也, 何怪夫賢聖之戮死哉! 此商君之所以車裂於秦, 而吳起之所以枝解於楚者也.

19.《韓非子》說林上

魯季孫新弒其君, 吳起仕焉. 或謂起曰:「夫死者, 始死而血, 已血而衃,
已衃而灰, 已灰而土. 及其土也, 無可爲者矣. 今季孫乃始血, 其毋乃未可
知也.」吳起因去之晉.

20. 《韓非子》 內儲說上(七術)

　　賞譽薄而謾者下不用, 賞譽厚而信者下輕死. 其說在文子稱「若獸鹿」. 故越王焚宮室, 而吳起倚車轅, 李悝斷訟以射, 宋崇門以毀死.

21. 《韓非子》外儲說左上(七術)

　　吳起爲魏武侯西河之守. 秦有小亭臨境, 吳起欲攻之. 不去, 則甚害田者;
去之, 則不足以徵甲兵. 於是乃倚一車轅於北門之外而令之曰:「有能徙此
南門之外者, 賜之上田·上宅.」人莫之徙也. 及有徙之者, 遂賜之如令. 俄又
置一石赤菽於東門之外而令之曰:「有能徙此於西門之外者, 賜之如初.」
人爭徙之. 乃下令曰:「明日且攻亭, 有能先登者, 仕之國大夫, 賜之上田上宅.」
人爭趨之. 於是攻亭, 一朝而拔之.

22.《韓非子》外儲說左上

挾夫相爲則責望, 自爲則事行. 故父子或怨譟, 取庸作者進美羹. 說在文公之先宣言與句踐之稱如皇也. 故桓公藏蔡怒而攻楚, 吳起懷瘳實而吮傷. 且先王之賦頌, 鍾鼎之銘, 皆播吾之迹, 華山之博也. 然先王所期者利也, 所用者力也. 築社之諺, 目辭說也. 請許學者而行宛曼於先王, 或者不宜今乎? 如是, 不能更也.

23.《韓非子》外儲說左上

　　小信成則大信立, 故明主積於信. 賞罰不信則禁令不行, 說在文公之攻原與箕鄭救餓也. 是以吳起須故人而食, 文侯會虞人而獵. 故明主信, 如曾子殺彘也. 患在尊厲王擊警鼓與李悝謾兩和也.

24.《韓非子》外儲說左上

　　吳起爲魏將而攻中山. 軍人有病疽者, 吳起跪而自吮其膿. 傷者母立而泣, 人問曰:「將軍於若子如是, 尙何爲而泣?」對曰:「吳起吮其父之創而父死, 今是子又將死也, 今吾是以泣.」

25.《韓非子》外儲說左上

　　吳起出, 遇故人而止之食. 故人曰:「諾, 期返而食.」吳子曰:「待公而食.」
故人至暮不來, 吳起至墓不食而待之. 明日早, 令人求故人. 故人來, 方與之食.

26.《韓非子》外儲說右上

術之不行, 有故. 不殺其狗, 則酒酸. 夫國亦有狗, 且左右皆社鼠也. 人主無堯之再誅, 與莊王之應太子, 而皆有薄媼之決蔡嫗也. 知貴·不能, 以教歌之法先揆之. 吳起之出愛妻, 文公之斬顛頡, 皆違其情者也. 故能使人彈疽者, 必其忍痛者也.

27.《韓非子》外儲說右上

吳起, 衛左氏中人也, 使其妻織組而幅狹於度. 吳子使更之. 其妻曰:「諾.」
及成, 復度之, 果不中度, 吳子大怒. 其妻對曰:「吾始經之而不可更也.」吳子
出之. 其妻請其兄而索入. 其兄曰:「吳子, 爲法者也. 其爲法也, 且欲以與萬
乘致功, 必先踐之妻妾然後行之, 子毋幾索入矣.」其妻之弟又重於衛君,
乃因以衛君之重請吳子. 吳子不聽, 遂去衛而入荊也..」
　一曰: 吳起示其妻以組曰:「子爲我織組, 令之如是.」組已就而效之, 其組
異善. 起曰:「使子爲組, 令之如是, 而今也異善, 何也?」其妻曰:「用財
若一也, 加務善之.」吳起曰:「非語也.」使之衣而歸. 其父往請之, 吳起曰:
「起家無虛言.」

28.《韓非子》問田篇

堂谿公謂韓子曰:「臣聞服禮辭讓, 全之術也; 修行退智, 遂之道也. 今先生立法術, 設度數, 臣竊以爲危於身而殆於軀. 何以效之, 所聞先生術曰: '楚不用吳起而削亂, 秦行商君而富疆. 二子之言已當矣, 然而吳起支解而商君事裂者, 不逢世遇主之患也.' 逢遇不可必也, 患禍不可斥也. 夫舍乎全遂之道而肆乎危殆之行, 竊爲先生無取焉.」

29.《韓非子》五蠹篇

　　今境内之民皆言治, 藏商·管之法者家有之, 而國愈貧, 言耕者衆, 執末者
寡也; 境内皆言兵, 藏孫·吳之書者家有之, 而兵愈弱, 言戰者多, 被甲者少也.
故明主用其力, 不聽其言; 賞其功, 必禁無用, 故民盡死力以從其上.

30.《尉繚子》制談篇

有提九萬之衆, 而天下莫能當者, 誰? 曰:「桓公也.」有提七萬之衆, 而天下莫敢當者, 誰? 曰:「吳起也.」有提三萬之衆, 而天下莫敢當者, 誰? 曰:「武子也.」

31. 《尉繚子》 武議篇

　　吳起與秦戰, 舍不平隴畝, 樸嫩蓋之, 以蔽霜露, 如此何也? 不自高人故也. 乞人之死不索尊, 竭人之力不責禮, 故古者甲冑之士不拜, 示人無已煩也. 夫煩人而欲乞其死, 竭其力, 自古至今, 未嘗聞矣.

32.《尉繚子》武議篇

　　將受命之日, 忘其家, 張軍宿野忘其親, 援枹而鼓忘其身. 吳起臨戰, 左右進劍. 起曰:「將專主旗鼓爾, 臨難決疑, 揮兵指刃, 此將事也. 一劍之任, 非將事也.」

33.《尉繚子》武議篇

　　吳起與秦戰未合, 一夫不勝其勇, 前獲雙首而還. 吳起立斬之. 軍吏諫曰:
「此材士也, 不可斬!」起曰:「材士則是也, 非吾令也.」斬之.

34. 《呂氏春秋》仲春紀 當染篇

　子貢·子夏·曾子學於孔子, 田子方學於子貢, 段干木學於子夏, 吳起學於曾子.

35.《呂氏春秋》仲冬紀 長見篇

吳起治西河之外, 王錯譖之於魏武侯, 武侯使人召之. 吳起至於岸門, 止車而望西河, 泣數行而下. 其僕謂吳起曰, 竊觀公之意, 視釋天下若釋躧, 今去西河而泣, 何也? 吳起抿泣而應之曰, 子不識. 君知我而使我畢能西河可以王. 今君聽讒人之議, 而不知我, 西河之爲秦取不久矣, 魏從此削矣. 吳起果去魏入楚. 有間, 西河畢入秦, 秦日益大, 此吳起之所先見而泣也.

36.《呂氏春秋》孝行覽 義賞篇

吳起變之而見惡, 賞罰易而民安樂, 氐羌之民, 其虜也, 不憂其係纍, 而憂其死不焚也, 皆成乎邪也. 故賞罰之所加, 不可不慎. 且成而賊民.

37.《呂氏春秋》審分覽 執一篇

　　吳起謂商文曰:「事君果有命矣夫!」商文曰:「何謂也?」吳起曰:「治四境之內, 成馴教, 變習俗, 使君臣有義, 父子有序, 子與我孰賢?」商文曰:「吾不若子.」曰:「今日置質爲臣, 其主安重, 今日釋璽辭官, 其主安輕, 子與我孰賢?」商文曰:「吾不若子.」曰:「士馬成列, 馬與人敵, 人在馬前, 援枹一鼓, 使三軍之士, 樂死若生, 子與我孰賢?」商文曰:「吾不若子.」吳起曰:「三者, 子皆不吾若也, 位則在吾上, 命也夫事君!」商文曰:「善. 子問我, 我亦問子. 世變主少, 羣臣相疑, 黔首不定, 屬之子乎? 屬之我乎?」吳起默然不對, 少選曰:「與子.」商文曰:「是吾所以加於子之上已.」吳起見其所以長, 而不見其所以短, 知其所以賢, 而不知其所以不肖. 故勝於西河, 而困於王錯, 傾造大難, 身不得死焉. 夫吳勝於齊, 而不勝於越, 齊勝於宋, 而不勝於燕, 故凡能全國完身者, 其唯知長短贏絀之化邪.

38.《呂氏春秋》離俗覽 上德篇

　墨者鉅子孟勝, 善荊之陽城君. 陽城君令守於國, 毀璜以爲符, 約曰:「符合聽之.」荊王薨, 羣臣攻吳起, 兵於喪所, 陽城君與焉, 荊罪之. 陽城君走, 荊收其國.

39.《呂氏春秋》離俗覽 用民篇

闔廬之用兵也不過三萬, 吳起之用兵也不過五萬. 萬乘之國, 其爲三萬五萬尚多. 今外之則不可以拒敵, 內之則不可以守國, 其民非不可用也, 不得所以用之也. 不得所以用之, 國雖大, 勢雖便, 卒雖衆, 何益? 古者多有天下而亡者矣, 其民不爲用也. 用民之論, 不可不熟.

40.《呂氏春秋》恃君覽 觀表篇

無道至則以爲神, 以爲幸. 非神非幸, 其數不得不然. 郈成子·吳起近之矣.

41. 《呂氏春秋》恃君覽 觀表篇

吳起治西河之外, 王錯譖之於魏武侯, 武侯使人召之. 吳起至於岸門,
止車而休, 望西河, 泣數行而下. 其僕謂之曰:「竊觀公之志, 視舍天下若舍屣.
今去西河而泣, 何也?」吳起雪泣而應之, 曰:「子弗識也. 君誠知我, 而使我
畢能, 秦必可亡, 而西河可以王. 今君聽讒人之議, 而不知我, 西河之爲秦也
不久矣, 魏國從此削矣.」吳起果去魏入荆, 而西河畢入秦, 魏日以削, 秦日
益大. 此吳起之所以先見而泣也.

42. 《呂氏春秋》開春論 貴卒篇

吳起謂荊王曰:「荊所有餘者地也, 所不足者民也. 今君王以所不足益所有餘, 臣不得而爲也.」於是令貴人往實廣虛之地, 皆甚苦之. 荊王死, 貴人皆來, 尸在堂上, 貴人相與射吳起. 吳起號呼曰:「吾示子吾用兵也.」拔矢而走, 伏尸揷矢而疾言曰:「羣臣亂王, 吳起死矣.」且荊國之法, 麗兵於王尸者, 盡加重罪, 逮三族. 吳起之智, 可謂捷矣.

43.《呂氏春秋》似順論 愼小篇

　　吳起治西河, 欲諭其信於民, 夜日置表於南門之外, 令於邑中曰:「明日有人僨南門之外表者, 仕長大夫.」明日日晏矣, 莫有僨表者. 民相謂曰:「此必不信.」有一人曰:「試往僨表, 不得賞而已, 何傷?」往僨表, 來謁吳起. 吳起自見而出, 仕之長大夫. 夜日又復立表, 又令於邑中如前. 邑人守門爭表, 表加植, 不得所賞. 自是之後, 民信吳起之賞罰. 賞罰信乎民, 何事而不成, 豈獨兵乎?

44.《淮南子》主術訓

　　夫聖人之智, 固已多矣. 其所守者約, 故擧而必榮; 愚人之智, 固已少矣. 其所事者多, 故動而必窮矣. 吳起·張儀, 智不若孔墨, 而爭萬乘之君. 此其所以車裂支解也.

45.《淮南子》 繆稱訓

水濁者魚噞, 令苛者民亂, 城峭者必崩, 岸崝者必陀. 故商鞅立法而之解,
吳起刻削而車裂.

46.《淮南子》道應訓

　　吳起爲楚令尹, 適魏, 問屈宜若曰:「王不知起之不肖, 而以爲令尹. 先生試觀起之爲人也.」屈子曰:「將奈何?」吳起曰:「將衰楚國之爵, 而平制祿; 損其有餘, 而綏其不足; 砥礪甲兵, 時爭利於天下.」屈子曰:「宜若聞之, 昔善治國家者, 不變其故, 不易其常. 今子將衰楚國之爵, 而平其制祿, 損其有餘, 而綏其不足. 是變其故, 易其常也. 行之者不利.」宜若聞之, 曰:「怒者, 逆德也; 兵者, 凶器也; 爭者, 人之所末也. 今子陰謀逆德, 好用凶器, 始人之所末, 逆之至也. 且子用魯兵, 不宜得志於齊, 而得志焉. 子用魏兵, 不宜得志於秦, 而得志焉. 宜若聞之, 非禍人不能成禍, 吾固惑吾王之數逆天道・戻人理; 至今無禍, 差須夫子也.」吳起惕然曰:「尙可更乎?」屈子曰:「成刑之徒, 不可更也. 子不若孰愛而篤行之」故老子曰:「挫其銳, 解其紛, 和其光, 同其塵.」

47.《淮南子》氾論訓

今夫盲者行於道, 人謂之左則左, 謂之右則右; 遇君子則易道, 遇小人則陷溝壑. 何則? 目無以接物也. 故魏兩用樓翟吳起, 而亡西河.

48.《淮南子》泰族訓

　　商鞅爲秦立相坐之法, 而百姓怨矣. 吳起爲楚減爵祿之令, 而功臣畔矣. 商鞅之立法也, 吳起之用兵也, 天下之善者也. 然商鞅以法亡秦, 察於刀筆之跡, 而不知治亂之本也; 吳起以兵弱楚, 習於行陳之事, 而不知廟戰之權也.

49. 《說苑》建本篇

　　魏武侯問元年於吳子, 吳子對曰:「言國君必慎始也.」「慎始奈何?」曰:
「正之.」「正之奈何?」曰:「明智, 智不明何以見正? 多聞而擇焉, 所以明智也.
是故古者君始聽治, 大夫而一言, 士而 ˙見, 庶人有謁必達, 公族請問必語,
四方至者勿距, 可謂不壅蔽矣; 分祿必及, 用刑必中, 君心必仁, 思君之利,
除民之害, 可謂不失民衆矣. 君身必正, 近臣必選, 大夫不兼官, 執民柄者
不在一族, 可謂不權勢矣. 此皆春秋之意, 而元年之本也.」

50. 《說苑》 貴德篇

　魏武侯浮西河而下, 中流顧謂吳起曰:「美哉乎! 河山之固也, 此魏國之寶也.」
吳起對曰:「在德不在險. 昔三苗氏左洞庭, 右彭蠡, 德義不修, 而禹滅之;
夏桀之居, 左河濟, 右太華, 伊闕在其南, 羊腸在其北, 修政不仁, 湯放之;
殷紂之國, 左孟門而右太行, 常山在其北, 大河經其南, 修政不德, 武王伐之.
由此觀之, 在德不在險. 若君不修德, 船中之人盡敵國也.」武侯曰:「善.」

51. 《說苑》復恩篇

　吳起爲魏將, 攻中山, 軍人有病疽者, 吳子自吮其膿, 其母泣之, 旁人曰:
「將軍於而子如是, 尚何爲泣?」對曰:「吳子吮此子父之創而殺之於注水之戰,
戰不旋踵而死, 今又吮之, 安知是了何戰而死, 是以哭之矣!」

52.《說苑》指武篇

　吳起爲苑守, 行縣適息, 問屈宜臼曰:「王不知起不肖, 以爲苑守, 先生將何以敎之?」屈公不對. 居一年, 王以爲令尹, 行縣適息. 問屈宜臼曰:「起問先生, 先生不敎. 今王不知起不肖, 以爲令尹, 先生試觀起爲之也!」屈公曰:「子將奈何?」吳起曰:「將均楚國之爵, 而平其祿, 損其有餘, 而繼其不足, 厲甲兵以時爭於天下.」屈公曰:「吾聞昔善治國家者, 不變故, 不易常. 今子將均楚國之爵, 而平其祿, 損其有餘, 而繼其不足, 是變其故而易其常也. 且吾聞兵者, 凶器也, 爭者, 逆德也. 今子陰謀逆德, 好用凶器, 殆人所棄, 逆之至也, 淫泆之事也, 行者不利. 且子用魯兵不宜得志於齊而得志焉; 子用魏兵不宜得志於秦而得志焉. 吾聞之曰:『非禍人不能成禍.』吾固怪吾王之數逆天道, 至今無禍. 嘻! 且待夫子也.」吳起惕然曰:「尙可更乎?」屈公曰:「不可.」吳起曰:「起之爲人謀.」屈公曰:「成刑之徒, 不可更已! 子不如郭處, 而篤行之, 楚國無貴于擧賢.」

53.《說苑》臣術篇

　　田子方渡西河, 造翟黃, 翟黃乘軒車, 載華蓋黃金之勒, 約鎮簟席, 如此者其駟八十乘, 子方望之以爲人君也, 道狹下抵車而待之, 翟黃至而睹其子方也, 下車而趨, 自投下風, 曰:「觸.」田子方曰:「子與! 吾嚮者望子疑以爲人君也, 子至而人臣也, 將何以至此乎?」翟黃對曰:「此皆君之所以賜臣也, 積三十歲故至於此, 時以閒暇祖之曠野, 正逢先生.」子方曰:「何子賜車轝之厚也?」翟黃對曰:「昔者西河無守, 臣進吳起; 而西河之外, 寧鄴無令, 臣進西門豹; 而魏無趙患, 酸棗無令, 臣進北門可; 而魏無齊憂, 魏欲攻中山, 臣進樂羊而中山拔; 魏無使治之臣, 臣進李克而魏國大治. 是以進此五大夫者, 爵祿倍以故至於此.」子方曰:「可, 子勉之矣, 魏國之相不去子而之他矣.」翟黃對曰:「君母弟有公孫季成者, 進子夏而君師之, 進段干木而君友之, 進先生而君敬之, 彼其所進, 師也, 友也, 所敬者也, 臣之所進者, 皆守職守祿之臣也, 何以至魏國相乎?」子方曰:「吾聞身賢者賢也, 能進賢者亦賢也, 子之五舉者盡賢, 子勉之矣, 子終其次矣.」

54.《新序》雜事(1)

　　昔者, 魏武侯謀事而當, 群臣莫能逮, 朝而有喜色. 吳起進曰:「今者, 有以
楚莊王之語聞者乎?」武侯曰:「未也, 莊王之語奈何?」吳起曰:「楚莊王謀事
而當, 群臣莫能逮, 朝而有憂色. 申公巫臣進曰:『君朝有憂色, 何也?』楚王
曰:『吾聞之: 諸侯自擇師者王, 自擇友者霸, 足己而群臣莫之若者亡. 今以
不穀之不肖而議於朝, 且群臣莫能逮, 吾國其幾於亡矣. 是以有憂色也.』
莊王之所以憂, 而君獨有喜色, 何也?」武侯逡巡而謝曰:「天使夫子振寡
人之過也, 天使夫子振寡人之過也.」

55.《韓詩外傳》卷1

傳曰: 水濁則魚喁, 令苛則民亂, 城峭則崩, 岸峭則陂. 故吳起削刑而車裂, 商鞅峻法而支解. 治國者譬若乎張琴然, 大絃急, 則小絃絶矣. 故急轡銜御者, 非千里之御也. 有聲之聲, 不過百里, 無聲之聲, 延及四海. 故祿過其功者削, 名過其實者損, 情行合名, 禍福不虛至矣. 詩云:『何其處也? 必有與也. 何其久也? 必有以也.』故惟其無爲, 能長生久視, 而無累於物矣.

56. 賈誼《新書》過秦(上)

吳起, 孫臏, 帶佗, 倪良, 王廖, 田忌, 廉頗, 趙奢之朋制其兵. 賞以十倍之地, 百萬之衆, 仰關而攻秦. 秦人開關延敵, 九國之師逡遁而不敢進. 秦無亡矢遺鏃之費, 而天下諸侯已困矣. 於是從散約解, 爭割地而賂秦.

57. 《高士傳》(中) 「段干木」

段木者, 晉人也. 少貧且賤, 心志不遂. 乃治淸節遊西河, 師事卜子夏與田子方·李克·翟璜·吳起等. 居于魏, 皆爲將, 唯干木守道不仕. 魏文侯欲見, 就造其門, 段干木踰墻而避文侯. 文侯以客禮待之. 出過其廬而軾, 其僕問曰：「干木, 布衣也. 君軾其廬, 不已甚乎?」文侯曰：「段干木, 賢者也. 不移勢利, 懷君子之道. 隱處窮巷, 聲馳千里, 吾敢不軾乎? 干木先乎德; 寡人先乎勢; 干木富乎義; 寡人富乎財. 勢不若德貴, 財不若義高. 又請爲相不肯, 後卑己. 固請見.」文侯立倦不敢息. 夫文侯名過齊桓公者, 蓋能尊段干木, 敬卜子夏, 友田子方故也.

58.《太平御覽》兵部 據要

吳子曰:「凡行師越境, 必審地形, 審知主客之向背. 地形若不悉知, 住必敗矣. 故軍有所至, 先五十里內山川形勢, 使軍士伺其伏兵, 將必自行視地之勢, 因而圖之, 知其險易也.」

59.《資治通鑑》周 安王 15年

武侯浮西河而下, 中流顧謂吳起曰:「美哉! 河山之固, 此魏國之寶也!」
曰:「在德不在險. 昔三苗氏, 左洞庭, 右彭蠡; 德義不脩, 禹滅之. 夏桀之居,
左河濟, 右泰華, 伊闕在其南, 羊腸在其北; 脩政不仁, 湯放之. 商紂之國,
左孟門, 右太行, 常山在其北, 大河經其南; 脩政不德, 武王殺之. 由此觀之,
在德不在險, 若君不脩德, 舟中之人皆敵國也!」武侯曰:「善.」

60. 《十八史略》 卷一

起與士卒同衣食, 卒有病疽, 起吮之. 卒母聞而哭曰:「往年吳公吮其父, 不旋踵死敵. 今又吮其子, 妾不知其死所矣.」

61.《十八史略》卷一

文侯卒, 子擊立, 是爲武侯. 武侯浮西河而下, 中流顧謂吳起曰:「美哉! 山河之固. 魏國之寶也.」起曰:「在德不在險. 昔三苗氏, 左洞庭右彭蠡, 禹滅之. 桀之居, 左河濟右泰華, 伊闕在其南, 羊腸在其北, 湯放之. 紂之國, 左孟門右太行, 恆山在其北, 大河經其南, 武王殺之. 若不修德, 舟中人皆敵國也.」武侯曰:「善!」

62. 張心澂 《僞書通考》

《吳子》一卷, 僞, 周魏吳起撰.

《漢書》藝文志兵家有《吳起》四十八篇.《隋書》經籍志兵家有《吳起兵法》一卷, 賈詡注.《唐書》藝文志兵家同.《宋史》藝文志有吳起《吳子》三卷, 朱服校定《吳子》二卷.

姚際恒曰:「《漢志》四十八篇, 今六篇, 其論膚淺, 自是僞托. 中有屠城之語, 尤爲可惡. 或以其有禮義等字, 遂以爲正大, 非武之比, 誤矣.」

《四庫提要》曰:「司馬遷稱起兵法, 世多有, 而不言篇數.《漢藝志》載《吳起》四十八篇, 然《隋志》作一卷, 賈詡注,《唐志》並同, 鄭樵《通志略》又有孫鎬注一卷, 均無所謂四十八篇者. 蓋亦如《孫武》之八十二篇, 出於附益, 非其本書, 世不傳也. 晁公武《讀書志》則作三卷, 稱唐陸希聲類次爲之, 凡〈說國〉·〈料敵〉·〈治兵〉·〈論將〉·〈變化〉·〈勵士〉六篇. 今行本雖然并爲一卷, 然篇目并與《讀書志》合, 惟〈變化〉作〈應變〉, 則未知孰誤耳!」

姚鼐曰:「魏晉以後, 乃以箛笛爲軍樂, 彼吳起安得云『夜以金鼓箛笛爲節』乎? 蘇明允言『起功過於孫武, 而著書頗草略不逮武』, 不悟其書僞也.」

63. 錢穆《先秦諸子繫年》吳子仕魯考

《史記》吳起列傳: 起, 衛人也, 好用兵. 嘗學於曾子, 事魯君. 齊人攻魯, 欲將吳起, 起取齊女爲妻, 魯疑之. 起欲就名, 遂殺妻以明不與齊. 魯卒以爲將. 攻齊大破之. 魯人或惡吳起, 曰:「起猜忍人也. 少時以游仕破家, 殺其謗己者三十餘人, 與母齧臂而盟曰: 不爲卿相, 不復入衛. 遂事曾子. 母死, 起終不歸. 曾子薄之而與起絶. 起又殺妻以求將. 夫魯小國, 而有戰勝之名, 則諸侯圖魯矣. 魯君疑之, 謝吳起. 起聞魏文侯賢, 遂去之魏.」

今考〈年表〉:「齊宣公四十四年, 伐魯莒及安陽,(〈田齊世家〉作葛及安陵. 志疑云:「安陵·安陽皆非魯地, 疑有誤. 而葛乃莒字之誤.」洪頤煊《讀書叢錄》云:「〈項羽本紀〉行至安陽, 索隱《後魏書·地形志》己氏有安陽城, 今宋州楚丘西北四十里有安陽故城是也, 其地與魯莒相近.」)

四十五年, 伐魯取都.」(〈世家〉云「取一城.」)「齊宣公四十四年, 當魯繆公之四年.(史表誤爲魯元十七年: 詳〈考辨〉第四十七.)

其後三年, 爲周威烈王十七年. 吳起爲魏將伐秦, (詳〈考辨〉第五十三. 則起之將魯破齊, 正在魯繆四年也. 其去魯, 至晚在魯繆五年·六年間. 魯繆雖禮賢, 而尊信儒術. 觀或人讒起之言, 皆本儒道立說, 宜乎魯繆之疑起矣. 己至魏,「魏文侯問李克, 吳起何如人也? 克曰: 起貪而好色, 然用兵, 司馬穰苴不過.」(穰苴在吳起後, 此史公文飾之詞耳.《史記》穰苴傳及《晏子春秋》·劉向《說苑》皆以穰苴爲景公時, 誤也. 詳〈考辨〉第八十五.) 於是文侯以爲將. 則文侯雖亦尊儒, 然其用人行政, 固與魯繆不同. 起仕魯年當近三十, 下至楚悼王卒歲, 起與俱死, 相距三十一年, 則起壽亦且六十矣. 韓非〈說林上〉:「魯季孫新弑其君, 吳起仕焉, 或人說之, 吳起乃去之晉.」考諸魯世家, 魯君無被弑者. 此當指魯哀公, (詳〈考辨〉第三十五.) 然下距楚悼卒, 凡八十七年, 吳起決不若是之壽, 亦復與魏文年世不相及. 蓋韓子誤記, 不足信. (汪中〈經義知新記〉云:「韓非〈喩老篇〉: 魯季孫新弑其君, 吳起仕. 其時蓋當悼公之世. 悼之爲謚, 其以此歟?」今按: 悼之爲謚, 蓋因前君被弑, 已詳〈考辨〉第三十五. 汪說誤也. 此覈其年代時事亦不合. 悼公卒,

在周考王四年.[史表誤後八年, 詳〈考辨〉第四十七.] 下距楚悼之死五十六年. 循此推算, 起之仕楚, 已及八十, 而觀其治績, 精練強悍, 殊爲不類. 又韓非書謂吳起卽去魯之晉, 而悼公卒, 當魏文侯十年. [史表尙在魏文前七年.] 與余考吳起爲魏伐秦滅中山事皆不符. 又其時齊魯交兵事亦無徵. 〈檀弓〉「悼公之喪, 季昭子問孟敬子爲君何食.」觀二子之言, 亦見悼公非被弑之君. 汪氏說不足據. 或韓非書本謂季孫自弑費君, 非魯君, 則益無考.)

64. 錢穆《先秦諸子繫年》吳起爲魏將拔秦五城考

《史記》吳起列傳：「起去魯之魏，魏文侯以爲將，擊秦，拔五城.」繼敍爲卒吮疽事. 考《韓非》外儲左上：「吳起攻中山，軍人有病疽者，起自吮其膿.」《說苑》復恩篇云：「吳起攻中山，爲卒吮膿，其母泣曰：吳子吮此父之創涇水之戰，(涇字或誤作注.) 不旋踵而死. 今又吮之，知何戰而死?」《藝文類聚》·《御覽》引《韓子》，亦云涇水. 按諸《史記》魏世家，「魏文侯十六年，伐秦，築臨晉元里. 十七年，西攻秦，至鄭而還，築雒陰合陽.」《水經》河水注：「河水又經郃陽城東，周威烈之十七年，魏文侯伐秦至鄭，還築汾陰郃陽.(汾陰乃洛陰字譌.) 即此城也. 故有莘邑矣，爲大姒之國.《詩》云：在郃之陽，在渭之涘. 又云：纘女維莘，謂此也.」郝懿行·陳逢衡均謂：「《水經》此條不云出《紀年》，想係脫誤.」今本僞紀年有之，據此則事在周威烈王十七年，而史誤以爲魏文之十七年也. (實當魏文三十八年. 陳氏《集證》謂在三十二年者誤. 又年表在威烈十八年，誤後一年.) 是年當秦簡公六年.〈秦本紀〉孝公謂：「往者厲躁簡公出子之不寧，三晉攻奪吾河西地.」是矣. 其時正當吳起去魯後.《志疑》：「洛陰郃陽，其地皆在同州.」《正義》：「雒漆沮水也，城在水南. 郃陽郃水之北.《括地志》云：郃陽故城在同州河西縣南三里，雒陰在同州西也.」又按〈地里志〉：「京兆鄭縣，鄭桓公邑，魏文侯伐秦至鄭而還，即此.」推其地理，亦與涇水相當.《說苑》所謂涇水之戰，〈起傳〉所謂拔秦五城者，殆即其事. (陳氏《集證》亦謂「吳起爲將擊秦拔五城，即此時.」惟未有證說. 又《水經》汝水注：引司馬彪曰：河南梁縣有注城，《史記》魏文侯三十二年敗秦於注者也. 今按秦簡公時，秦地不能至河南梁霍之間，參證上列諸條，知酈氏之誤.)

又〈魏世家〉記魏伐中山在魏文十七年伐秦至鄭之前. 余考魏伐中山，當在周威烈王十八年. 且《國策》諸書，皆言樂羊圍中山三年而拔，則中山之滅，猶在後. 蓋樂羊主其事，而吳起將兵助攻. 據《說苑》所云，固當在涇水一戰之後也.

65. 錢穆《先秦諸子繫年》吳起去魏相楚考

《史記》吳起列傳:「田文旣死, 公叔爲相, 害吳起, 起懼得罪, 遂去之楚.」今按:〈魏策〉「公叔痤爲魏將, 與韓趙戰 澮北, 禽樂祚. 魏王賞田百萬, 痤以讓吳起之後.」其事〈年表〉在惠王九年, 吳紀已死十九年矣. 其年公叔亦卒. 明年, 商鞅遂入秦. 觀公叔之待商鞅, 不似害賢者.《呂氏》觀表〈執一〉諸篇, 言讒起者乃王錯. (考《魏策》:「魏武侯與諸大浮西河, 王鍾侍.」姚云:「鍾一作錯,」卽此王錯. 魏武自矜河山之險, 而錯附之, 爲吳起所折. 魏武盛獎起, 王錯之忌起, 當肇於此.)

〈魏世家〉〈集解〉徐廣引〈紀年〉:「惠王二年, 大夫王錯出奔韓,」卽此人. 史記吳起奔楚之由, 蓋誤. 又起爲魏武侯伐齊至靈邱, 在武侯九年, (〈考辨〉第六十.) 則去魏當在十年以後. 據《說苑》指武篇起至楚先爲宛守, (《說苑》云: 起爲苑守, 行縣適息, 問屈宜臼, 屈公不對云云. 今按《說苑》權謀篇有屈宜咎論韓昭侯不獲出高門.《史記》六國表,〈韓世家〉皆作屈宜臼, 臼咎古字通. 然考韓昭侯築高門在昭侯二十九年, 距此當五十年, 疑不能爲一人.《淮南》道應訓作吳起爲楚令尹, 適魏問屈宜若. 若亦咎之誤文也. 恐屈宜臼之告吳起, 特後人模效趙良之告商君而造爲之, 屈子固不與吳起同時也.)

居一年, 乃爲令尹. 不識其前又曾爲他職否. 其爲令尹.《史記》載其政績云:「起相楚, 明法審令, 捐不急之官, 廢公族疏遠者, 以撫養戰鬥之士. 要在强兵, 破馳說之言縱橫者. 於是南平百越, 北幷陳蔡, 卻三晉, 西伐秦, 諸侯患楚之强. 故楚之貴戚盡欲害吳起.」今按: 陳滅在惠王十一年, 蔡滅在四十二年, 何待悼王?〈楚世家〉於悼王十一年後, 卽書二十一年悼王卒, 更不記平越卻晉伐秦之事. 檢諸〈越世家〉楚破越在威王世, 亦與悼王無涉. 則卻三晉而伐秦者, 其語殆同爲無稽也. 且其時亦尙無縱橫之言, 史蓋誤襲〈秦策〉蔡澤語耳. 或史本作「起相楚, 明法審令, 捐不急之官, 廢公族疏遠者, 以撫養鬥之士 故楚之貴戚盡欲害吳起,」前後文氣本相承接, 中間用兵一段, 係後人據〈秦策〉妄增也.《淮南》道應訓記吳起之語曰:「起將衰楚國之爵, 而平其制, 捐其有餘, 而綏其不足. 砥厲甲兵, 時爭利於天下.」(《說苑》指武篇同.)

可與史文互證. 知蔡澤之語, 乃策士潤飾, 欲明功成身退之理, 故盡以惠威二王前後戰績, 一歸於起. 此如記燕昭王得賢, 乃云鄒衍自齊王, 劇辛自趙往矣.《呂氏》貴卒篇云:「吳起謂荊王曰: 荊所有餘者地也, 所不足者民也. 今君王以所不足益所有餘, 臣不得而爲也. 於是今貴人王實廣虛之地, 皆甚苦之.」此又吳起治楚不主以兵力擴地之證也. 其徙貴人墾荒殆秉李克盡地力之教.《韓非》和氏篇稱其教悼王曰:「楚國之俗, 大臣太重, 封君太衆, 不如使封君之子孫, 三世而收爵祿, 絶滅百吏之祿秩, 損不急之枝官, 以奉選練之士.」此起之所以治楚而招貴戚大臣之忌者. (《淮南》泰族訓亦云:「吳起爲楚張減爵之令, 而功臣畔.」)

孔子以正名復禮繩切當時之貴族, 旣不得如意, 後之言治者, 乃不得不捨禮而折入於法. 是亦事勢所驅, 不獲已也. 且禮之與法, 其本皆出於糾正當時貴族之奢僭, 李克吳起, 親受業於子夏·曾西, 法家淵源, 斷可識矣. 起治楚政績, 略如此. (《呂氏》義賞篇:「郢人以兩版垣, 吳起變之而見惡.」主云:「教之用四.」可見吳起爲治注重民生之一斑.)

《韓非》和氏篇云:「悼王行之期年而薨, 吳起枝解」, 大則起爲令尹僅一年, 愈徵楚無擴地之事. 推迹以求, 起之在楚, 蓋不出三四年也. 枝解之說, 又見《墨子》親士,(「吳起之裂其事也.」)《韓非》問田,(「吳起支解, 商君車裂.」)《淮南》繆稱,(「吳起刻削而車裂.」)〈主術〉(「吳起·張儀車裂支解.」) 張儀疑商鞅之誤. 及《韓詩外傳》卷一.(吳起削刑而車裂, 商鞅峻法而支解.) 本傳不書, 皆失之.

임동석(茁浦 林東錫)

慶北 榮州 上茁에서 출생. 忠北 丹陽 德尙골에서 성장. 丹陽初中 졸업. 京東高 서울
敎大 國際大 建國大 대학원 졸업. 雨田 辛鎬烈 선생에게 漢學 배움. 臺灣 國立臺灣師
範大學 國文硏究所(大學院) 博士班 졸업. 中華民國 國家文學博士(1983). 建國大學校
敎授. 文科大學長 역임. 成均館大 延世大 高麗大 外國語大 서울대 등 大學院 강의.
韓國中國言語學會 中國語文學硏究會 韓國中語中文學會 會長 역임. 저서에《朝鮮譯
學考》(中文)《中國學術槪論》《中韓對比語文論》. 편역서에《수레를 밀기 위해 내린
사람들》《栗谷先生詩文選》. 역서에《漢語音韻學講義》《廣開土王碑硏究》《東北民族
源流》《龍鳳文化源流》《論語心得》〈漢語雙聲疊韻硏究〉등 학술 논문 50여 편.

임동석중국사상100

오자 吳子

吳起 撰 / 林東錫 譯註

1판 1쇄 발행/2009년 12월 12일
2쇄 발행/2012년 8월 1일
발행인 고정일
발행처 동서문화사
창업 1956. 12. 12. 등록 16-3799
서울강남구신사동563-10 ☎546-0331~6 (FAX)545-0331
www.dongsuhbook.com
잘못 만들어진 책은 바꾸어 드립니다.

*

*

사업자등록번호 211-87-75330
ISBN 978-89-497-0607-8 04080
ISBN 978-89-497-0542-2 (세트)